HAYMON
verlag

David Fuchs

Zwischen Mauern

Roman

If you can bring nothing to this place
but your carcass, keep out.

William Carlos Williams,
Dedication for a Plot of Ground

Prolog

Der Pfleger steht vor der Klomuschel, stellt den Dreh-schalter an der Wand auf fünf Minuten.

Das Dröhnen der Lüftung überdeckt das Schreien aus Zimmer 9. Herr T. ist heiser geworden, bald wird er aufhören.

Der Pfleger heißt Moses. Er setzt sich auf den ge-schlossenen Deckel, drückt beide Handballen links und rechts an die Schläfen. Zwölf Stunden noch, eine ganze Nacht. Er sitzt eine Weile so da, dann steht er auf und rückt die Hose zurecht.

Zwei Zimmer weiter macht derweil Frau E. ihren letzten Atemzug. Der Nachtdienst beginnt.

Die erste Nacht

Wie man beginnen kann.
Die falsche Zeit an verschiedenen Orten.

1

Abends stehen die Baukräne still. Die Frau vor dem Haupteingang des Pflegeheims hat den Kopf in den Nacken gelegt. Sie verfolgt die Stahlstreben des Baukrans bis zur Fahrerkabine und stellt sich vor, dort sei ein Nest oder ein Käfig, jedenfalls aber Vögel, und die genössen die Aussicht und müssten dafür nicht einmal fliegen.

Die Frau heißt Margareta Blum, aber wir nennen sie Meta, weil ihr das besser gefällt. Was Meta mag, sind ihre Gedanken, die sie manchmal in Dialoge verstrickt, manchmal schweifen oder von Kränen fliegen lässt.

Meta senkt den Kopf und betrachtet ihre Finger. Sie zittern, alle lackierten Nägel, jeder in einer anderen Farbe.

Die Türe vor ihr öffnet sich, was sie nicht bemerkt. Ein Mann geht einen Schritt vor, räuspert sich. „Hallo?"

Meta blickt auf. Der Bauarbeiter kramt in seiner Hosentasche, holt eine Packung Zigaretten hervor. „Sorry, müssen Sie rein? Ich hätte Ihnen die Tür aufhalten sollen, da kommen Sie nur mit Mitarbeiterkarte hinein."

„Ja", sagt Meta, „ich bin – ich arbeite hier." Sie kramt in ihrer Tasche. Viel hat sie nicht mitgebracht: ein Ersatzshirt, einen Roman, die Schlüssel, Geld, das Telefon. Sie öffnet die Geldtasche und holt ihre Mitarbeiterkarte heraus. „Margareta Blum", steht drauf, „Wohnbereich", und darüber ihr Foto, ein überbelichtetes Foto, gleich nach dem Aufnahmegespräch mit der Stationsleitung aufgenommen, sie in einer Bluse, mit rotem Gesicht und einer nassen Haarsträhne quer über die Stirn, im Hintergrund ein Poster mit einem Wasserfall.

„Ehrenamtlich", sagt sie noch, „ich mache das ehrenamtlich", als der Bauarbeiter an ihr vorbeigeht. „Na dann", sagt der Mann, „schönen Dienst", und dreht sich nicht mehr um. Ein paar Schritte weiter bleibt er stehen und zündet sich eine Zigarette an.

Meta macht einen Schritt auf die Türe zu, zieht die Karte über den Sensor beim Eingang, richtet sich die Haare und tritt ein.

2

In fünfundzwanzig Jahren als Arzt hat Wendelin Pomp erst einmal geweint. Heute Abend tut er es wieder.

Pomp wirft einen Blick auf Frau E. Immer erstaunlich, wie lebendig die Toten aussehen. Als könnten sie jederzeit die Augen öffnen und sprechen. Er berührt E.s Hand. Sie ist warm und die Muskeln sind noch weich. Er legt seine Hand auf ihr Handgelenk, verharrt kurz, tastet den Puls.

Pomp wischt sich eine Träne aus dem Augenwinkel und greift nach dem Stethoskop, schiebt es unter E.s Nachthemd. Er hört eine Weile in die Stille des Brustkorbs, wo er nur das leise Sausen seines eigenen Pulses wahrnimmt. Früher hat es ihn irritiert, aber heute macht es ihm nichts und er weiß, dass er sich konzentrieren muss, durchatmen, warten, damit das Sausen zu einem Flüstern wird, das er ignorieren kann.

Pomp nimmt das Stethoskop aus den Ohren und legt es sich um den Hals. „Na gut", sagt er und weiß nicht, warum. Das Fenster steht einen Spalt offen und aus dem Hof hört man die letzten Baustellengeräusche des Tages.

„Na gut", sagt er noch einmal, drückt Frau E.s Hand, wischt sich über die Augen, geht aus dem Zimmer und schließt die Tür hinter sich.

3

Pfleger Moses schenkt Kaffee nach. „Mit Schuss?“, fragt er. Pomp sagt nichts, muss er auch nicht, weil Moses weiß, was sich gehört. Ein Schnaps für einen Toten, so hält er es schon lange. Moses holt die Flasche aus dem Kasten und schenkt Pomp ein.

„Heute kommt die Neue“, sagt Moses.

„Na super“, sagt Pomp, „gratuliere.“ Er kratzt sich im Nacken. Wenn er unsicher ist, kratzt er sich im Nacken und man könnte, wenn man genau hinsähe, erkennen, dass der Haaransatz auf der rechten Seite weiter oben beginnt. „Hätte nicht gedacht, dass hier noch jemand anfangen will.“ Er nimmt einen Schluck.

„Den Totenschein habe ich ausgefüllt.“

„Danke.“

„Sie war die Letzte.“

„Was meinst du?“

„Die letzte Bewohnerin von damals. Eine von den Leuten, die noch hierhergekommen sind, um zu leben, nicht nur zum Sterben.“

„Mit Sack und Pack und den eigenen Möbeln.“

„Ja“, sagt Pomp, „die Möbel. Weißt du noch, als sie eingezogen ist?“

„Hat den Garten im Hof in Beschlag genommen.“

„Und hat gleich ihre Walderdbeeren angebaut.“

„Ihre Erdbeeren, ja. Wie lange ist das her? Zehn Jahre?“ „Eher fünfzehn.“

Pomp schüttelt den Kopf.

Die beiden sitzen eine Zeitlang schweigend da, bis Pomp sagt: „Und was soll die Neue hier machen?"

„Sitzwache", sagt Moses.

„Sitzwache? Ist lange her, dass wir sowas hatten."

„Für Herrn T."

Pomp nimmt einen Schluck. „Für T. Großartig."

„Was meinst du damit?"

„Ist nur seltsam." Pomp dreht den Kaffeebecher, bis er das Logo des Heimbetreibers nicht mehr sehen kann. „Einerseits sperren sie bald alles zu und andererseits dann sowas. Und für T. noch dazu. Außerdem dachte ich, dass er aufgehört hat zu schreien?"

„Er ist nur dann ruhig, wenn er nicht alleine ist. Oder wenn er schläft."

„Jetzt schreit er nicht."

„Eben. Er schläft. Jetzt schon. Das heißt, er wird später die ganze Nacht wach sein."

„Dir kann man auch nichts recht machen."

„Haha."

Pomp kratzt sich noch einmal. „Na ja. Und mit einer Sitzwache soll das funktionieren?"

„Hoffentlich."

4

Meta nimmt den Weg, den sie vorgestern mit Herrn Gabriel vom Personalbüro genommen hat: immer der grünen Linie am Boden nach. Daneben muss es andere gegeben haben: blaue Linien, welche in Lila und eine in Gelb, aber außer der grünen hat man alle entfernt, sodass nur noch Reste der Farben zu erkennen sind und Streifen auf dem Plastikboden, die heller sind als die Umgebung, wie die weißen Stellen auf der Haut nach dem Urlaub.

Herr Gabriel ist gestern mit dem Auto aus der Stadt gekommen und hat Meta mitgenommen. Es zahle sich nicht aus, hier ein Büro zu betreiben, für die letzten zwei Stationen. Das Heim werde ohnehin bald geschlossen, deshalb die Baustelle: für die dis-ruptiv-innovative Zukunft. Künstliche Intelligenz, Co-Working, alles schon geplant.

Der Weg zum Wohnbereich führt vorbei an Büros, an deren Türen die Namensschilder schon entfernt wurden. Meta liest die Türnummern, rechts die geraden Zahlen, links die ungeraden.

Als sie sich sicher ist, dass niemand sie sieht, balanciert sie auf der grünen Linie, die Arme ausgestreckt wie eine Zirkusartistin, aber weil sie keine Artistin ist, wird ihr schwindlig, sie schwankt, macht einen Aus-fallschritt nach rechts und verliert fast ihre Tasche.

Der grüne Strich endet an der Tür des aufgelassenen Pflegebereichs, was Meta gestern schon irritiert hat, aber Herr Gabriel hat gesagt, es gebe nur diesen Weg, der Innenhof sei gesperrt wegen der Baufahrzeuge.

Meta drückt die Klinke nach unten.

Der Pflegebereich wirkt noch verlassener als gestern. Die Luft ist abgestanden und warm und es riecht leicht nach Desinfektionsmittel, aber das könnte auch Einbildung sein. Alle Zimmertüren sind geschlossen und außer den leiser werdenden Geräuschen der Baustelle ist es still. Meta passiert den Schwesternstützpunkt, an der Pinnwand hängen Zettel, als wäre nur Schichtwechsel und alle Schwestern wären mit der Übergabe beschäftigt. Doch die Schreibtische sind leergeräumt, die Sessel fehlen. Auf den Holztischen kann man erkennen, wo ein Bildschirm oder eine Lampe gestanden hat.

Meta geht schneller. Etwas an der leeren Station macht ihr fast Angst, und als sie hinter sich ein Geräusch hört, von dem sie nicht sicher ist, ob es von der Station kommt oder den Baufahrzeugen im Innenhof, läuft sie die letzten Schritte fast, bis sie vor einer Schiebetüre steht, hinter der Licht brennt. An der Türe steht in einer Schrift aus Klebebuchstaben: „Wohnbereich" und darunter das Bild einer lachenden Kuh, wie aus einem Zeichentrickfilm. Die Türe öffnet sich, sehr langsam, und Meta betritt die Station.

5

Meta räuspert sich, aber der Pfleger reagiert nicht. Er sitzt auf einem durchgesessenen Polstermöbel und liest Zeitung, auf dem Couchtisch eine Schnapsflasche. Sie räuspert sich noch einmal. „Hallo", sagt sie.

Moses erschrickt, faltet die Zeitung zusammen und legt sie auf den Tisch.

„Hallo", sagt Meta, „ich soll mich hier melden."

„Guten Abend", sagt Moses und steht auf.

„Die Ehrenamtliche", sagt Meta und lächelt, „ich bin die Neue." Sie hält ihm ihre Mitarbeiterkarte hin.

Moses mustert die Karte, dann Meta, die bunten Fingernägel, die Leinenhosen, die Tasche. Er steht auf und hält ihr die Hand hin. „Ich bin Moses. Der Pfleger. Bitte, setz dich."

Meta schüttelt seine Hand und schiebt dann einen der Sessel ein Stück zur Seite. Wo der Lack abgeblättert ist, kann sie die Maserung des Holzes spüren. Sie lässt ihre Hand kurz liegen, um die Finger zu beruhigen. Unter ihren Achseln haben sich Schweißflecken gebildet und sie hält die Arme nah am Körper, um sie zu verbergen.

„Meta", sagt sie, „freut mich."

„Meta? Spannender Name."

Meta setzt sich. „Kurzform von Margareta."

„Na dann." Moses nimmt die Schnapsflasche, bemerkt Metas Blick und sagt: „Der Arzt, nach Dienstschluss trinkt er gerne ein Glas." Er steht auf, stellt die Flasche in einen Schrank an der Wand und setzt sich wieder in seinen Sessel. „Wir sind froh, dass du da bist."

„Danke."

„Möchtest du was trinken? Wir haben nicht nur Schnaps, keine Sorge."

Meta schüttelt den Kopf.

„Und du kommst für Herrn T.?"

„Als Sitzwache", sagt Meta, „wie der Bewohner heißt, weiß ich gar nicht."

Moses lehnt sich zurück. „Hast du sowas schonmal gemacht?"

„Nein."

Er kratzt sich am Kopf. „Darf ich dich was fragen?"

„Sicher."

„Was machst du sonst? Also wenn du nicht hier die Nacht verbringst."

„Ich arbeite in einer Bank", sagt sie, „aber im Homeoffice."

„Vielleicht sitze ich auch irgendwann mal zu Hause und steuere einen Pflegeroboter per Laptop."

„Roboter?"

„Könnte ja sein. Aber, sag, musst du nicht morgen früh wieder in dein Homeoffice?"

„Ich habe Urlaub", sagt Meta, „damit ich gleich ein paar Nächte machen kann. Ich dachte, das wäre für den Anfang nicht schlecht."

„Stimmt schon."

„Und wie lange bist du schon hier?"

„Lange genug. Bin hier der old guy, sozusagen. Kann aber nicht sagen, dass ich viele Ehrenamtliche gesehen hätte in den Jahren."

„Nicht?"

„Na ja, die meisten gehen in ein Hospiz oder so, nicht unbedingt in ein Pflegeheim. Und gerade jetzt, zu uns? Das wundert mich, muss ich sagen."

„Warum sollte man gerade jetzt nicht zu euch gehen?"

„Weil sie uns schließen werden", sagt er, „und ich halte noch die Stellung."

„Soll das heißen, du bist alleine im Dienst? Ist niemand sonst hier?"

„Nein." Moses schüttelt den Kopf. „In der Nacht sind wir immer alleine."

„Für alle Stationen?"

„Sind ja nur noch zwei. Willst du es dir noch einmal überlegen?"

„Sollte ich?"

„Wie man es nimmt." Er grinst. „Aber im Ernst, das Team ist wirklich froh, dass du da bist. Am besten, ich zeige dir mal alles."

6

„Das hier ist die Familienecke." Moses steht auf. „Oder der Pausenbereich, wie man es nimmt. Familien waren hier schon lange nicht mehr. Du kannst dich jederzeit an der Saftbar bedienen, die füllen wir trotzdem noch immer nach."

Neben den Polstermöbeln steht eine Anrichte an der Wand, ein Wasserhahn, mehrere Plastikflaschen mit verschiedenfarbigem Sirup, Schnabelbechern und ein paar Gläsern. „Ist nichts Großartiges", sagt Moses, „aber das, was wir haben." Er geht zu einer Glastüre, die neben der Anrichte in den Innenhof führt. Dort stehen ein Baucontainer, der Kran, ein Bagger und Baumaterial. Vor der Türe glitzern grüne Scherben in der Erde. „Und das ist unser Hof. Oder besser gesagt: unser ehemaliger Hof."

„Ehemalig?"

„Wir dürfen nicht mehr hin", sagt Moses, „seit der Umbau begonnen hat."

„Warum das?"

„Sicherheitsbedenken, was weiß ich. Sie haben alle Türen versperrt."

„Schade eigentlich."

„Sehr schade. Na ja, sollen wir weiter?" Er dreht sich um und geht den Gang hinunter, Meta ihm nach.

„Hier ist die Spüle", sagt Moses, „und dort ist die Garderobe."

„Danke", sagt Meta, „aber ich habe gar kein Gewand bekommen."

„Kein Gewand?"

Meta schüttelt den Kopf.

„Es wäre fast lustig", sagt er, „wenn es nicht so traurig wäre."

„Ist das schlimm? Also dass ich kein Gewand bekommen habe?"

„Dienstkleidung ist wichtig."

„Mir macht es nichts aus."

Auf einem Tischchen vor Frau E.s Zimmer leuchtet ein batteriebetriebenes Teelicht. Ein kleiner Motor im Inneren bewegt zwei Plastikplättchen, die eine Flamme simulieren sollen.

„Was ist mit der Kerze?", fragt Meta.

„Wir dürfen keine echten Kerzen haben", sagt Moses, „wegen der Brandgefahr."

„Gut", sagt Meta, „aber warum eine Kerze? Ist da jemand –"

„Gestorben? Ja. Frau E., vor ein paar Stunden erst. Sie hat lange hier gewohnt", sagt er. „Ist gerne nachts durch die Gänge gewandert. Aber die letzten anderthalb Jahre nicht mehr."

„Die Arme."

„Sie hatte immer Obst dabei, weißt du? Im Sommer waren es meistens Erdbeeren, und damit ist sie in der Familienecke gesessen, hat uns in Gespräche verwickelt und so. Im Hof hatten wir sogar Walderdbeeren, bei den Büschen an der Wand, die hat sie immer gepflückt."

„Klingt schön."

„Eine der letzten Bewohnerinnen von früher."

„Von früher?"

„Früher sind die Leute noch in ganz anderem Zustand gekommen, oft mit eigenen Möbeln und so. Heute sind alle nur noch bettlägerig."

„Ist sicher für euch auch anstrengend, oder?" „Klar. Die Personalschlüssel sind jedenfalls nicht besser geworden."

„Und Frau E. ist noch da drin?"

„Ja. Wird erst morgen abgeholt."

„Sie bleibt die ganze Nacht im Zimmer?"

„Wo sonst? Auf den Gang kann ich sie ja nicht stellen", sagt Moses.

„Aber ..."

„Was?"

„Ist das nicht schlimm für die anderen Leute, wenn sie die Kerze sehen und wissen, dass jemand gestorben ist?"

„Hör mal", sagt Moses, „du warst noch nie in einem Heim, oder?"

„Nur zu Besuch, bei meiner Oma."

Moses schüttelt den Kopf. „Schau mal. Die meisten Bewohner können sich nicht mehr bewegen, geschweige denn aus ihren Zimmern gehen. Und außerdem: Die Hälfte der Leute, die hierherkommen, sterben im ersten Jahr. Macht also wenig Sinn, den Tod zu verstecken."

„Arg."

„Realität."

„Hm." Meta berührt die flackernden Plastikflügelchen mit dem Zeigefinger. „So, wie du es sagst, macht es schon Sinn."

„Ist sie das?" Meta zeigt auf ein Foto an der Türe. Es zeigt eine Frau, braunhaarig, mit einem Blick, der nicht auf die Kamera, sondern einen unbestimmten Punkt gerichtet ist.

Die Trauerschleife mit den ausgefransten Rändern, die Moses um das Bild gebunden hat, verdeckt das halbe Gesicht. Moses rückt sie ein wenig zurecht. „Das Foto hat sie gehasst", sagt er.

7

„Also", sagt Moses, „dein Bewohner liegt vorne auf Zimmer 9. Er heißt Herr T., und der Job ist eine Sitzwache."

„Das weiß ich."

„Das heißt, du sollst ihm Gesellschaft leisten."

„Aber warum in der Nacht?"

„Es fängt immer an, wenn die Sonne untergeht. Er schreit, schlägt um sich, versucht, aus dem Bett zu fallen."

„Er versucht, aus dem Bett zu fallen?"

„Das ist so eine Redewendung. Er ist sturzgefährdet, rollt herum und so weiter. Aber vor allem schreit er, wenn er nicht schläft. Außer wenn jemand bei ihm ist, und da kommst du ins Spiel."

Moses spricht weiter, aber Meta hört nicht zu. Sie stellt sich vor, wie die verstorbene Frau E. in der Familienecke sitzt, ihre Erdbeeren aus einer Dose pickt, eine nach der anderen, und die kühlen Früchte genießt.

„Ist er gefährlich?"

„Keine Gefahr. Er ist zu schwach. Aber trotzdem: Halte ein wenig Abstand. Manchmal entwickeln sie Kräfte, you never know."

„Und ich soll nur dasitzen?"

„Sozusagen. Wobei, wenn er erstmal schläft, kannst du ruhig rausgehen und einen Kaffee trinken. Normalerweise wacht er so schnell nicht auf."

„Und du?"

„Ich bin da", sagt Moses, „und nicht da. Habe zwei Stationen, zweiundfünfzig Leute. Heißt, ich bin viel unterwegs."

„Okay."

Moses klopft sich auf die Oberschenkel. „Dann sagen wir ihm mal Hallo."

8

„Hier also", sagt Moses, „wohnt er."

Der Bilderrahmen an der Zimmertüre ist leer. „Bei den Neuen gibt es keine Bilder mehr", sagt Moses, „wegen dem Datenschutz und so. Die Neuen dürfen wir nicht mehr fotografieren."

Er klopft, aber so leise, dass man es drinnen wahrscheinlich kaum hören kann, und öffnet nach ein paar Sekunden die Türe.

Im Zimmer ist es noch wärmer als auf dem Stationsgang, stickig, und es riecht nach Urin.

„Shit", sagt Moses. Am Boden, neben dem Bett, unter dem offenen Ventil des Harnkatheterbeutels, breitet sich ein See bis unter das Bett aus. Meta bleibt im Türrahmen stehen. „Oh Gott", sagt sie leise, was Moses hört, aber ignoriert. Er steigt vorsichtig, um keine Spritzer zu machen, mit einem Fuß in den Urinsee und schließt das Katheterventil. Meta bedeckt Mund und Nase mit der flachen Hand. Uringeruch hält sie nicht aus, hat sie noch nie aushalten können. Sie denkt an die Baukräne, an die Vögel und plötzlich ist die Vorstellung da, wie die verstorbene Frau E. auf dem Kran sitzt, herunterwinkt. „Huhu", sagt Frau E., „huhu, junge Frau."

„Hallo", sagt Meta, „können Sie fliegen?" Frau E. lacht. „Noch nicht, Schätzchen", sagt sie, und Meta öffnet ihre Augen wieder.

„Hallo?", sagt Moses.

„Entschuldige", sagt Meta, „ich war gerade ..."

„Schon gut, du musst nicht helfen."

„Doch, ich – ich habe nur nachgedacht. Bin gleich so weit."

Moses schüttelt den Kopf. Er wirft einen Blick auf T. und flüstert: „Ich mach das schon, wirklich."

Meta streckt sich, um durch den schmalen Gang, der eine Art Vorzimmer bildet, bis zum Kopfende des Betts sehen zu können.

Herr T. liegt mit geschlossenen Augen da und bewegt sich nicht. Er ist jung, jünger, als Meta erwartet hat, vielleicht Mitte sechzig, und er hat kein graues, sondern pechschwarzes Haar, das wie gefärbt aussieht und ihm dicht und fettig an der Stirn klebt.

„Wirklich", sagt Moses, „setz dich draußen hin, ich komme gleich zu dir."

„Danke", sagt Meta sehr leise, dreht sich um und geht aus dem Zimmer. Zwei Meter weiter stützt sie sich an der Wand ab und kämpft gegen die aufsteigende Übelkeit.

Moses nimmt einen Packen der braunen Papiertücher aus dem Spender an der Wand und wirft sie in den Urinsee. Er zieht ein Paar Latexhandschuhe an, noch ein zweites, dann nimmt er eine frische Packung Papiertücher aus dem Kasten, reißt sie auf und wirft auch sie auf den Boden. Zwei Packungen billiger Zellstoff saugen den ganzen Urin auf, dann wischt er auf Knien den Boden mit Desinfektionsmittel auf.

9

Meta schluckt und wirft einen Blick über die Schulter zu Zimmer 9. Die Türe steht einen Spalt offen, aber Moses ist nicht zu sehen. Sie kann nicht zurück, der Uringeruch. Das war als Kind schon so, ging so weit, dass Meta heute noch keine öffentlichen Toiletten benutzt, weil sie den Geruch nicht erträgt. Sie beißt sich auf die Lippen. Sie wird ihre Kleidung waschen müssen, gleich, wenn sie nach Hause kommt. Sie sucht die Wand nach einem Desinfektionsmittelspender ab, findet einen neben der Spüle, geht hin und pumpt mit dem Ellenbogen das Mittel in die hohle Hand.

Sie geht ein paar Schritte, schüttelt sich, geht noch ein Stück weiter und bleibt vor einer Pinnwand, an der Portraitfotos des Pflegeteams hängen, stehen. Die Fotos sind auf Zahnräder aus Holz geklebt, die ineinandergreifen. Viele der Bilder haben gelbliche Ränder und die Frisuren der Schwestern sind längst aus der Mode.

Meta stellt sich vor, wie es war, als die Zahnräder noch neu waren und man die Fotos aufgeklebt hat. Vielleicht war es ein Abend im Sommer, und die Leute standen hier, Herr T., einige andere, sicherlich auch Frau E. Meta stellt sie sich mit einer Gehhilfe vor, aber einer ohne Räder, mit einer Jutehandtasche, die vorne bestickt ist.

„Vielleicht kann man sie bewegen." Frau E. hebt die Gehhilfe an, stellt sie etwas weiter vorne wieder hin und macht einen Schritt, einen sehr eleganten, wie Meta sich vorstellt, und dann noch einen.

„Vielleicht", sagt Meta. Sie versucht, eines der Zahnräder, auf dem „Schwester Ulla" steht, zu drehen, aber es bewegt sich nicht.

„Eingerostet." Frau E. kichert. „Ist die Übelkeit besser?"

„Danke", sagt Meta, „es geht."

Frau E. schüttelt den Kopf. „Ich bin da nicht so sicher."

„Bei was?"

„Ob es Ihnen wirklich gut geht."

„Ich –"

„Sagen Sie mir", sagt Frau E., „warum ich in Ihre Gedanken gekommen bin."

„Sie sind verstorben."

„Das ist doch kein Grund. Aber danke. Es war sehr schön, oben auf dem Kran."

Meta lächelt. „Gerne."

„Mein Name ist übrigens Else. Frau Else, wenn Sie wollen."

„Meta", murmelt Meta, die Hand noch am Zahnrad, „mein Name ist Meta."

Moses kommt aus T.s Zimmer, einen Putzkübel in der Hand. Er stellt ihn auf den Boden.

„Hm?"

Meta macht einen Schritt zur Seite, gerade groß genug, dass Moses es bemerkt.

„Hast du was gesagt?", sagt Moses.

„Nein, ich –"

„Die Zahnräder kann man bewegen. Jedenfalls konnte man das mal."

Meta schüttelt den Kopf. „Habe ich schon versucht. Aber es ist eine schöne Idee."

„Was?"

„Die Fotos. Und die Zahnräder, also, dass man sie mal bewegen konnte."

„Hmja."

„Ich kann dein Foto gar nicht finden."

„Mein Foto ist nicht dabei."

„Ich dachte, du bist schon lange hier."

„Bin ich auch. Nur um die Wand hat sich noch länger niemand gekümmert."

„Ist es immer so?", fragt Meta.

„Was meinst du?"

Sie zeigt auf den Putzkübel.

Moses sieht den Kübel an, die groben braunen Tücher, die kleinen Pfützen, die sich in deren Falten bilden. „Schon, ja. Warte kurz", sagt er, geht in den Spülraum und stellt den Eimer in den Ausguss.

Er kommt zurück, reibt Desinfektionsmittel in die Hände. „Herr T. schläft noch."

Meta mustert noch einmal die Fotos an der Wand. „Die sieht so nach den Neunzigern aus", sagt sie, zeigt auf Schwester Elsbeth. „Die Frisur."

Moses hat Elsbeth nie kennengelernt, nicht einmal von ihr gehört und auch das Foto hat er bis zu diesem

Tag nie beachtet.

„Mag sein", sagt er, „keine Ahnung."

„Arbeitet von denen noch jemand hier?"

Moses schüttelt den Kopf. Er zeigt auf eine Schwester, eine junge, deren Zähne zu groß für ihr Gesicht aussehen. „Angelika wirst du noch treffen", sagt er, „die kommt morgen früh. Karin", sagt er und zeigt auf ein anderes Foto, „ist vor drei Jahren gegangen, sie ist jetzt Kellnerin. Die meisten anderen haben auch gekündigt, nach und nach."

„Wann war das?"

„Das ging schon eine Zeitlang so, aber nach der Pandemie hat es richtig begonnen." Er seufzt. „Na ja. Bei dir alles in Ordnung?"

„Warum schreit Herr T. eigentlich?"

„Warum er schreit, weiß ich nicht. Weiß keiner."

Meta wirft einen Blick aus dem Fenster. „Vielleicht hat er Angst", sagt sie, „wenn er allein im Dunklen ist."

„Manchmal kommt den Leuten auch ihr ganzes Leben in die Quere, ganz am Ende. Simple as that."

„Ist er nicht ziemlich jung für ein Altersheim?"

„Ja, aber er ist krank genug, und dann sind sie manchmal hier."

„Was hat er eigentlich? Also welche Krankheit?"

„Hirntumor", sagt Moses, „aber einen, der eher langsam wächst, sagt jedenfalls Pomp."

„Pomp?"

„Doktor Pomp, unser Arzt. Den wirst du sicher mal treffen."

„In der Nacht?"

„Er ist ziemlich oft hier", sagt er, „manchmal auch einfach so."

„Euer Hausarzt?"

„Sowas in der Art. Er war früher mal im Krankenhaus. Dann haben sie angefangen, hier Räume für Ärzte zu vermieten, für Ordinationen, und Pomp war der Einzige, der gekommen ist. Irgendwie ist er dann geblieben und hilft manchmal aus."

Meta deutet mit dem Kopf Richtung Zimmer 9. „Soll ich dann mal ..."

„Klar", sagt Moses. „Er trinkt gern", sagt er, „du kannst ihm mit dem Schnabelbecher Tee geben. Und wenn du was brauchst, drückst du den roten Knopf mit der Schwester drauf."

„Der Schwester?"

„Ja?"

„Findest du das nicht seltsam?"

„Was?"

„Dass auf dem Knopf eine Schwester und kein Pfleger ist?"

„Wenn das mal mein einziges Problem hier ist, mach ich eine Flasche auf."

„Ich finde es trotzdem wichtig. Damit ist doch wieder mal festgelegt, dass Frauen schlecht bezahlte Berufe übernehmen, und die Männer sind fein raus."

„Mhm." Moses fährt sich durch die Haare. „Bin ich jetzt ein Held, weil ich als Mann schlecht verdiene, oder einfach nur angeschmiert?"

„Das war ernst gemeint."

„Wie auch immer, auf dem Knopf ist eine Schwester. Du kannst ja die Augen schließen und an einen Mann denken, wenn du draufdrückst."

„Das ist nicht witzig."

„Witz oder nicht, ich muss jetzt auf Abendrunde."

10

Als Meta die Türe öffnet, bewegt T. die Beine und leckt sich mit der Zunge über die Lippen.

Meta geht um das Bett herum. Durch das gekippte Fenster strömt warme Luft in den Raum, aber es riecht immer noch nach Urin. Sie geht zum Fenster und versucht, es ganz zu öffnen, aber es geht nicht.

Meta nimmt einen Holzsessel, stellt ihn langsam neben das Bett und setzt sich. Der Stuhl, der nur noch an wenigen Stellen seine ursprüngliche Lackierung zeigt, knarrt laut.

Herr T. liegt auf dem Rücken und schläft, die Hände übereinandergelegt. Sie heben und senken sich mit dem Bauch und sein Schnarchen ist nur leicht zu hören.

Meta lehnt sich vor, um besser sehen zu können. T.s Haare sind zurückgekämmt und man erkennt, dass sie an der Seite fehlen. Über die kahle Stelle zieht sich eine Narbe, die einen Hautlappen mit kurzen Haaren begrenzt. Das rechte Bein hat T. aufgestellt und die Decke, eigentlich nur ein Laken, ist hinuntergerutscht. Das Bein ist dünn, das Knie der breiteste Punkt. Herr T. schmatzt im Schlaf. „Schsch", sagt Meta. Kurz bewegt sich T.s Hand und am Hals kann man seinen Puls erkennen.

Im Zimmer gibt es keine persönlichen Dinge. An der Wand steht ein Kasten mit der Aufschrift „Privat" und daneben eine Anrichte mit einem Radio mit kaputter Antenne. Oberhalb des Radios hängt ein Kalender, kleine hölzerne Tafeln, an Häkchen aufgehängt, mit Ziffern für das Datum und den Wochentag. Samstag, 26. August. Das war vor drei Tagen. Meta will aufstehen und die Tafeln umstecken, aber der Sessel knarzt, als sie sich bewegt, Herr T. wird unruhig, also überlegt sie es sich anders und bleibt sitzen.

11

Wendelin Pomp greift in den Küchenschrank, zu der Flasche mit Gin und gießt einen Schluck in das Glas mit dem großen Eiswürfel und dem Apfelsaft.

Pomp ist kein Trinker, aber heute will er trinken, weil Frau E. ihm nicht aus dem Kopf gehen will. Normalerweise denkt er höchstens im Auto über die Arbeit nach, und auch da nur ein paar Minuten, bis zum Autobahnzubringer, die restlichen fünfzehn Minuten bis zu seinem Haus hört er entweder Nachrichten oder Musik.

Pomp betrachtet sein Spiegelbild in der polierten Metalloberfläche der Kühlschranktüre. Er sieht alt aus. Die grauen Barthaare sind mittlerweile in der Mehrzahl und auf die Tränensäcke unter den Augen schmiert er seit Jahren keine Creme mehr. Er bleckt die Zähne und löst mit dem Fingernagel zwei Mohnkörner, die zwischen den Schneidezähnen stecken, fährt sich dann mit der Zunge darüber.

Er rührt mit dem Finger den Gin in den Apfelsaft ein und schleckt den Finger ab. Er zieht die Jeans aus, die Socken, das Shirt und lässt sich auf die Couch fallen. Der Ventilator am Fensterbrett bläst ihm kühle Luft auf die Haut. Er fröstelt, zum ersten Mal an diesem Tag, und greift nach seinem Glas.

„Prost", sagt er in den Raum hinein, nimmt einen Schluck. „Auf einen beschissenen Abend." Er blättert im Fernsehprogramm, ohne sich darauf zu konzentrieren, aber er wird den Fernseher nicht einschalten, nicht einmal sein Glas austrinken. Zehn Minuten später, es ist kurz vor elf Uhr, ist Wendelin Pomp eingeschlafen.

12

Der Krimi, den Meta mitgebracht hat, liegt ungelesen auf T.s Nachtkasten. Sie hat das Buch zweimal aufgeschlagen und beide Male wieder zurückgelegt, weil sie sich nicht konzentrieren konnte und außerdem ein schlechtes Gewissen hatte.

T. hat Tee getrunken, ist wieder eingeschlafen und Meta sitzt, den Schnabelbecher in der Hand, auf ihrem Sessel und starrt ihn an. Sie stellt den Becher auf den Nachtkasten. „Wollen Sie noch trinken?", fragt sie. T. dreht den Kopf zur Seite, versucht sich aufzurichten, was ihm nicht gelingt, und fällt wieder zurück ins Bett.

„Ich helfe Ihnen", sagt Meta und betätigt die Fernbedienung beim Bett, bis T. weit genug aufgerichtet ist, um zu trinken. Sie hält ihm den Becher an die Lippen und er saugt gierig, bis der Becher leer ist, dann seufzt er und schließt wieder die Augen.

„Gut, oder", sagt Meta. „Jederzeit wieder." Sie füllt den Becher noch einmal auf und nimmt zum dritten Mal ihren Krimi zur Hand. Sie hat ein Buch gewählt, das sie schon zweimal gelesen hat, besser gesagt, zweimal begonnen hat, weil sie gedacht hat, bei der Sitzwache sei genug Zeit, aber wieder liest sie nur eine halbe Seite, dann bewegt sich T. im Bett und sie legt das Buch zur Seite. „Sch-sch", sagt sie und tätschelt ihm die Hand. „Wollen Sie noch Tee?"

13

In jeder Sommernacht kommt der Punkt, an dem sich der Schweiß auf Moses' Stirn anfühlt wie eine Schicht aus Dreck. Das blaue Shirt klebt an seinem Rücken und scheuert an seinen Brustwarzen. Manchmal, wenn es besonders heiß ist, klebt er sie mit Pflastern ab wie die Marathonläufer. Er will duschen, aber die Personalduschen hat man abgerissen und in den Zimmern auf den leeren Stationen ist das Wasser abgedreht.

Moses würde sich gerne hinsetzen, vielleicht etwas trinken, aber die Bewohner im zweiten Stock drücken ständig den Schwesternruf und auch das Abendessen ist nicht abserviert. Und dann ist da Frau L., die ihn schon dreimal gebraucht hat, die fiebert und immer verwirrter wird. Bald wird sie aufstehen und stürzen, aber er kann nicht ständig neben ihr stehen.

Moses wählt Pomps Nummer. Der hat nicht Dienst, aber man darf ihn anrufen. Oft sitzt er abends noch in seiner Ordination im Erdgeschoß, manchmal schläft er auch dort, und an der Pinnwand im Stützpunkt hängt seine Privatnummer in leicht verblasster Tinte. Moses weiß sie auswendig.

Normalerweise geht Pomp auch ans Telefon, nur heute meldet er sich nicht. Zum zweiten Mal der Anrufbeantworter.

Moses legt auf. Er wird nicht den Notdienst anrufen, weil der entweder Beruhigungsmittel verschreibt, nach denen Frau L. zwar nicht ruhiger wird, aber noch unsicherer beim Gehen, oder sie ins Krankenhaus einweist, aber sie will nicht ins Krankenhaus. Am ehesten wäre ihr geholfen, würde sich jemand zu ihr setzen und warten, bis sie eingeschlafen ist, aber es gibt niemanden, Frau L. schreit nicht so laut wie Herr T. und für Bewohnerinnen, die nicht schreien, gibt es auch keine Sitzwache.

Moses wischt sich wieder über die Stirn. Er widersteht der Versuchung, sich das Gesicht im Shirt abzuwischen, weil es sich ohnehin nur so anfühlen würde, als verschmiere er den Schweiß und den allgegenwärtigen Staub, der nicht mehr weggeht, seit die Bauarbeiter ihre Arbeit begonnen haben.

14

Kurz nach Mitternacht steht Meta in T.s Zimmer auf. T. ist wach, hat die Augen geöffnet und starrt zur Decke. Er formt Wörter mit den Lippen, sagt aber keinen Ton.

„Wollen Sie trinken?", fragt Meta, erhält aber keine Antwort. Sie nimmt den Schnabelbecher vom Nachtkästchen und hält ihn an T.s Lippen. Er saugt am Mundstück des Bechers, bis er leer ist.

„Noch mehr?" Meta nimmt die Kanne mit Tee vom Nachttisch, schraubt den Deckel vom Becher und füllt Tee nach. Sie hält ihm noch einmal den Becher an die Lippen, aber T. presst die Lippen aufeinander. „Vielleicht wollen Sie ja mal einen anderen Tee? Muss ja langweilig sein." Meta setzt den Becher ab. „Wissen Sie, ich habe zu Hause auf dem Balkon frische Minze. Wenn man die mit heißem Wasser aufgießt – herrlich. Soll ich morgen welche mitnehmen?" T. schmatzt.

„Na dann", sagt Meta, „mache ich doch gerne."

T. atmet ruhig, die Lippen noch feucht von Tee. Meta steht auf, geht in Socken zur Holztafel an der Wand und stellt das Datum richtig.

15

Moses schiebt den Pflegewagen an die Wand. Er ist durstig. Seit Stunden ist er auf Abendrunde. Frau K. im ersten Stock hat erbrochen, Herr S. schon zweimal eingenässt und Moses hat noch nicht einmal begonnen, die Medikamente für den Tagdienst vorzubereiten, hat auch nichts dokumentiert, zu nichts war Zeit.

Zumindest von T. hat er nichts mehr gehört, seit Meta da ist, und das macht diese Nacht schon besser als die Nächte davor.

Mitternacht, endlich Mitternacht, und damit ist es Zeit für ein frisches Shirt. Moses lässt den Pflegewagen stehen, geht in die Garderobe und holt sich eines aus dem Spind. In der Garderobe riecht es muffig, der Geruch von vielen Schuhen und schmutziger Wäsche, der nie ganz verflogen ist, obwohl Moses schon seit einigen Jahren der einzige Pfleger im Heim ist und den Raum für sich alleine hat.

Er zieht das Shirt aus und steht eine Zeitlang mit nacktem Oberkörper da, nah an dem gekippten Fenster, und genießt den Luftzug am Rücken.

Mitternacht heißt auch: Es gibt jetzt Kaffee. Moses hat alles, was er dazu braucht, in seinem Rucksack:

den frisch gemahlenen Kaffee, den er zu Hause schon vorbereitet hat, und die kleine Bialetti, mit der man passablen Espresso machen kann. Er nimmt die Dose mit dem Pulver und die Maschine und geht zurück zur Teeküche. Vielleicht wird er Meta einmal dazu einladen, aber nicht heute. Heute gehört diese Viertelstunde ihm alleine.

Den Espresso trinkt Moses immer an derselben Stelle, und zwar nicht im Familienbereich, sondern in der Teeküche, gleich hinter der Türe, wo es keine Couch gibt, wo man ihn vom Gang aus nicht sehen kann. Nicht, dass jemand da wäre, aber trotzdem.

Er wartet, bis die Bialetti blubbert und zischt. Erst Mitternacht, erst Halbzeit. Moses setzt sich auf den Boden, achtet darauf, seinen Espresso nicht zu verschütten. Er lehnt sich an den Kühlschrank, nippt am Espresso und verbrennt sich die Zunge. Er lässt den Schmerz vorbeiziehen.

Noch fünfeinhalb Nächte, dann beginnt sein Urlaub. Der Urlaub, der sicher sein letzter als Pfleger im Heim sein wird, wahrscheinlich der letzte als Pfleger überhaupt. Erstmal aber Urlaub, ohne Handy, ohne Einspringdienste.

Über der Türe leuchtet das Licht des Schwesternrufs auf. Gleich wird der Piepton kommen, dann der Alarm, wenn der Bewohner ein zweites, ein drittes Mal auf

den Knopf gedrückt hat. Moses schließt noch einmal die Augen, öffnet sie wieder, nimmt die Espresso-
tasse, lässt den letzten, schon kühlen Tropfen auf seine
Zunge fallen.

Es ist zwanzig Minuten nach Mitternacht.

16

„Hören Sie gerne Musik?" Meta legt ihr Handy auf T.s Nachtkasten. „Ich habe gelesen", sagt sie, „dass Musik beruhigend wirkt. Also bei dementen Menschen. Nicht dass ich jetzt ... Ich höre auch immer Musik, wenn ich nicht schlafen kann." Sie nimmt ihr Handy vom Nachtkasten. „Was hören Sie gerne? Ich suche uns eine Playlist mit Klassik, entspannend, mit Klavier." Sie tippt auf dem Handy. „Aber wir können natürlich hören, was Sie wollen, ja?" Sie tippt noch einmal auf den Bildschirm, stellt dann ein wenig leiser. „So gut?"

Herr T. ächzt und versucht, sich vom Rücken auf die linke Seite zu drehen. Das gelingt ihm nicht, er ist zu schwach, dann sinkt er wieder zurück und versucht, mit der Hand etwas über sich zu greifen, wobei Meta nicht weiß, ob er die Haltegriffe meint oder nach etwas greift, was nur er sehen kann.

„Brauchen Sie etwas?", sagt Meta. Keine Antwort. Sie steht auf, nimmt die Schnabeltasse mit Tee vom Nachttisch und hält sie Herrn T. vors Gesicht. „Möchten Sie?" Er öffnet nicht einmal die Augen und stöhnt wieder.

Meta berührt seine Lippen mit dem Schnabel, aber T. presst die Lippen aufeinander. „Tee", sagt Meta, „es ist nur Tee, machen Sie doch den Mund auf, es wird Ihnen guttun." Sie legt die Hand auf seinen Unterarm. „Bitte", sagt sie, „trinken Sie einen Schluck und dann schlafen Sie ein bisschen."

Herr T. macht keine Anstalten, den Mund zu öffnen. Durch die geschlossenen Lippen presst er ein Stöhnen hervor und wieder versucht er, sich auf die Seite zu drehen.

„Ich helfe Ihnen", sagt Meta, stellt die Schnabeltasse weg und holt sich Latexhandschuhe aus der Box beim Eingang. „Einen Moment."

Ein paarmal hat sie schon gesehen, wie man Leute dreht. Sie will Moses nicht belästigen, der hat sicher genug zu tun. „Wir haben das gleich", sagt sie und bietet T. die Hand an. Er klammert sich an ihrem Unterarm fest, seine Fingernägel schmerzen. „Nicht so fest", sagt Meta und greift mit der anderen Hand auf T.s Hüfte, spürt den Rand der Windel, seine Haut. „Los gehts", sagt sie und versucht, T. mit einem Ruck zu ihr zu drehen.

T. presst weiterhin die Lippen aufeinander, stöhnt, immer lauter, bis es schließlich klingt, als würde er schreien und jemand ihm den Mund zuhalten. Er atmet durch die Nase, stoßweise, tief, und dann schreit er wirklich.

„Alles gut", sagt Meta, „alles gut", und sie spürt, wie sie zu schwitzen beginnt, unter den Handschuhen, an der Stirn.

Herr T. windet seine Hand heraus und hält sich an den Seitengittern des Betts fest. „Aaaaa uuuu", schreit er, „aaaaa uuuu." Meta lässt seine Hüfte los, geht ums Bett herum, drückt den Schwesternknopf dreimal. „Alles gut", sagt sie, „ich wollte nicht, Entschuldigung, alles gut …"

Meta dreht sich um, geht ins Badezimmer, nimmt einen Waschlappen vom Stapel beim Spiegel und tränkt ihn mit kaltem Wasser. Sie versucht, sich zu sammeln, aber T. schreit, schreit seinen spitzen Ton und wird immer lauter.

Meta drückt den Waschlappen aus und bleibt kurz in der Badezimmertüre stehen, geht die paar Schritte zu T.

„Hey", sagt sie und wischt ihm mit dem kühlen Lappen über die Stirn. Ihre Hand zittert und sie berührt mit dem Zipfel des Lappens T.s Auge. Er öffnet den Mund, kreischt, quietscht und fällt in einen Jammerton, tief aus der Brust. „Hilfe ist unterwegs", sagt sie und dann: „Ich bin ja da, bin ja da, ich bin da." Herr T. rüttelt, soweit es seine Kräfte erlauben, an den Bettgittern und schreit.

17

Eigentlich läuft Moses nicht mehr, auch wenn der Schwesternruf einen Notfall anzeigt. Meist sind es nur verwirrte Bewohner, die den Knopf in die Finger kriegen und ihn alle paar Sekunden drücken.

Er atmet schwer, bleibt kurz vor der Türe stehen und geht hinein, ohne anzuklopfen.

Meta steht neben dem Bett und hält T.s Hand, der versucht, sich ihrem Griff zu entwinden, und er schreit. „Moses", sagt Meta, „ich weiß nicht, ich habe, ich weiß nicht, was er will, es war doch alles gut –"

Moses kniet nieder und betrachtet den prallvollen Harnbeutel. „Oje", sagt er, „aber das haben wir gleich." Meta streichelt T.s Hand. „Ich habe ihm wehgetan", sagt sie, „ich habe ihm –"

Moses steht auf, geht ins Bad, holt einen Plastikkübel und stellt ihn unter den Urinbeutel, dann öffnet er das Ventil. „Sicherheitshalber", sagt er.

Der Urin, der in den Kübel plätschert, ist hellgelb, fast klar.

Meta spürt die Übelkeit aufsteigen, lässt T.s Hand los, geht zum Fenster. Sie hält den Kopf an den Spalt und atmet. Die Luft ist warm und riecht nach Staub, nach Öl und, ganz leicht, nach Gras.

„Fertig." Moses nimmt den Kübel, geht ins Badezimmer und leert den Inhalt in die Toilette. Herr T. liegt wieder ruhig da und nestelt an den Knöpfen seines geblümten Nachthemds.

„Wie viel hat er denn getrunken?", fragt Moses. „Schon einiges", sagt Meta, „sicher zwei, drei Becher. Ich dachte, er hat vielleicht einen trockenen Mund. War das nicht gut?"

Moses schüttelt den Kopf. „Doch, doch."

„Hat er deswegen geschrien? Wegen dem Urinbeutel?"

Moses schüttelt den Kopf. „Manchmal", sagt er, „ist es einfach so. Irgendeine Erinnerung, ein Traum, was weiß ich ... Und dann kommt die Angst."

„Ich habe ihm Musik vorgespielt, vielleicht die falsche."

„Meta", sagt Moses, „du hast nichts damit zu tun." Er zieht seine Hand langsam unter T.s Hand hervor. „Manchmal muss man es einfach mit ihm aushalten. Nicht weglaufen." Er richtet sich auf und stöhnt. „Die Knie."

18

Meta wäscht sich die Hände. Sie tut das leise und den Wasserhahn hat sie nur schwach aufgedreht. Nebenan schläft Herr T., sie will ihn nicht wecken.

Sie schließt die Türe zum Badezimmer hinter sich, setzt sich aber nicht in ihren Stuhl, sondern schleicht im Zimmer herum. Ihre Schuhe quietschen auf dem Plastikboden, also hat sie sie ausgezogen und geht in Socken auf und ab.

Herr T. schmatzt mit den Lippen und bewegt seine Hände. „Sie können ruhig schlafen", flüstert Meta, „ich bin bei Ihnen, ich gehe nicht weg." Lauter will sie nicht sprechen und sie erwartet ohnehin keine Antwort. Herr T. hüstelt und schmatzt noch einmal, dann liegt er wieder still da.

„Wissen Sie", flüstert Meta, „mich hat es immer beruhigt, wenn mir jemand Geschichten erzählt hat. Wie ist das bei Ihnen? Mögen Sie Geschichten? Ich habe ein wunderbares Märchenbuch zu Hause, das könnte ich mitnehmen, wenn ich wiederkomme." Sie geht zu dem Holzkalender, fährt die Konturen der Tafeln mit dem Finger nach. „Märchen wären schön, finden Sie nicht?"

19

Zwei Zimmer weiter, ein falsches Datum an der Tafel, ein kleiner Fernseher mit integriertem Videorekorder, am Boden ein dicker, halb verblichener Teppich. Im Bett Frau E.

Moses taucht den Waschlappen in die Schüssel mit kühlem Wasser. Er wringt ihn aus und wäscht E.s Gesicht, schließt ihr mit dem Lappen die Augen. Er hat gewartet, bis die Totenstarre eingesetzt hat, jetzt ist die Haut teigig und formbar und die Augen öffnen sich nicht wieder.

Er wäscht ihr die Stirn, die Wangen und wischt eingetrockneten Schaum aus den Mundwinkeln.

Am Ende breitet er die Decke, die man extra für diesen Zweck gekauft hat, die große gelbe Decke mit den aufgestickten Tauben, über sie, bis zum Brustkorb.

Niemand wird kommen, um Frau E. zu besuchen, und außer dem Bestatter wird dieses Arrangement niemand sehen, aber das ist für Moses nicht wichtig. Jeder Tod hat seine Dramaturgie, die nach dem letzten Herzschlag beginnt: die Aufregung, der Anruf beim Arzt, der Schnaps, am Ende der Waschlappen, die Augen, die gelbe Decke und dann der Moment, wenn Moses sich aufrichtet, einen Schritt zurücktritt und die Leiche betrachtet, noch einmal nachdenkt über Frau E., sie sich als Mensch zurückholt.

Moses streicht mit der Hand über die Kommode aus dunklem Holz, die an der Wand unter dem Fenster steht. „Na dann", sagt er, „auf Wiedersehen."

20

Meta hört die Türe zum Haupteingang hinter sich ins Schloss fallen, deutlich vernehmbar zwischen den Geräuschen der erwachenden Baustelle, den Stimmen der Arbeiter und den Vogelschreien. Der Geruch von Urin und Hautcreme wird langsam schwächer. Sie reibt sich die Nase, riecht Seife und Desinfektionsmittel an den Fingern.

Erst bei den Schritten im Freien fällt ihr auf, wie müde sie ist, wie schwer es ihr fällt, einen Fuß vor den anderen zu setzen. Sie spürt einen leichten Schwindel, der sie glauben macht, zwei Zentimeter über dem Boden zu schweben, eine seltsame Energie, die sie bis zur Bushaltestelle trägt.

Die zweite Nacht

Wie laut man schreien kann.
Märchen und Schnaps.

1

Es waren kaum Patienten da. Die Praxis macht Pomp keine Freude, und er nimmt nur noch wenige Patienten an. Die Krankenschwester und die Ordinationsgehilfin hat er gekündigt, die Geräte verkauft, und eigentlich liegt er die meiste Zeit in der Praxis und sieht fern.

Viel Geld braucht er nicht und für die Ausgaben, die er hat, reichen die Honorare vom Heim und von den Privatpatienten aus dem Ort, die alle paar Tage kommen, die meisten für Schmerzinfusionen.

Pomp hat Schmerzen von der Nacht auf der Couch und stöhnt, holt sich in der Teeküche ein Glas Wasser und schaltet den Fernseher an.

Es hat eine Zeit gegeben, da hätte Pomp auf einen wie ihn hinuntergeschaut und sich gefragt, wie man mit einer solchen Existenz glücklich sein kann.

Die Suche nach Glück treibt Wendelin Pomp aber schon länger nicht mehr an. Heute beschäftigt ihn eher die Frage, warum er immer noch an das Gesicht von Frau E. denken muss.

Er sieht auf die Uhr. Schon kurz nach sechs. Pomp steht auf und nimmt eine Schmerztablette aus dem Apothekerschrank. Noch kurz warten, bis die Tablette wirkt, dann wird er sich auf den Weg nach Hause machen.

2

Zu Dienstbeginn, vor der Abendrunde, nimmt Moses sich Zeit. Oft kommt er deshalb sogar früher zur Arbeit. Dann nimmt er die Zeitung zur Hand, schlägt den Chronikteil auf, immer den Chronikteil mit Autounfällen und Familiendramen, und liest.

Zu Hause liest er keine Zeitung, schon gar nicht das Kleinformat, das man im Heim verteilt, aber im Dienst mag er das. Im Chronikteil hat es immer jemanden schlimmer erwischt als ihn selbst.

Moses blättert in der Zeitung, will einen Artikel lesen, vielleicht einen zweiten überfliegen, bevor er zur Abendrunde muss, Herr T. schreit oder sonst etwas geschieht.

Schwester Angelika weiß, dass sie ihn in dieser Viertelstunde in Ruhe lassen muss. Sie bereitet zwei Infusionen für die Nacht vor, nicht, weil sie muss, sondern weil sie Moses eine Freude machen will. Sie bricht die Glasampullen an den Hälsen ab, was sie schon tausende Male getan hat, nur heute passiert ihr, was sonst nie passiert, vielleicht, weil sie mit ihren Gedanken woanders ist oder die Ampulle einen Fehler hat, jedenfalls bricht die Ampulle und Angelika schneidet sich mit den Scherben in den Daumen.

Sie nimmt den Daumen in den Mund, was sie wegen des Geschmacks des Medikaments sofort bereut, geht zum Waschbecken und spült die Verletzung aus. Sie nimmt einen Schluck Wasser in den Mund und spuckt ins Waschbecken, um den Geschmack der Infusionslösung loszuwerden.

„Ich glaube, ich bin für heute fertig", sagt sie, mehr zu sich als zu Moses.

„Super", kommt es aus dem Nebenzimmer. Moses blättert die Zeitung um. „Ist was?"

Angelika sagt: „Nichts, nur die Multivitaminampulle ist zerbrochen." Sie nimmt einen Tupfer aus der Box neben dem Waschbecken und drückt ihn auf die Wunde.

Moses verzieht das Gesicht. Multivitaminlösung ist gelb, klebrig und riecht stark und er kann den Geruch nicht leiden. „Hast du es schon weggeputzt?"

Angelika verdreht die Augen. „Ich blute." Sie kommt in den Familienbereich und zeigt ihren Daumen, drückt dann wieder den Tupfer auf die Wunde.

„Entschuldige", sagt Moses und legt die Zeitung auf den Tisch. „Ich mache es gleich weg."

Angelika setzt sich in einen Sessel. „Kommt die Ehrenamtliche wieder?"

„Wer?"

„Die Sitzwache."

„Ach so, ja, ich hoffe doch."

„Hoffe ich auch für dich", sagt Angelika.

„Ich weiß nicht, ob sie kommt", sagt Moses, „sie war gestern ziemlich gebeutelt."

„Ist sie Medizinstudentin?"

„Nein, sie arbeitet in einer Bank."

„Na dann alles Gute euch beiden. Herr T. war untertags schon schwierig genug."

„Ja?"

„Er hat das Mittagessen im Bett verschmiert."

„So mobil war er?"

Angelika lacht.

Moses sagt: „Dann schläft er vielleicht in der Nacht."

„Verlass dich nicht drauf."

3

Moses hat zwei Paar Handschuhe genommen, nicht wegen der Scherben, sondern wegen des Geruchs. Multivitaminlösung ist an sich ungefährlich, aber wenn man den Geruch einmal an den Händen hat, geht er tagelang nicht mehr weg.

Er steht also mit zwei Paar Handschuhen da, weil jeder weiß, dass jeder zehnte Handschuh undicht ist, und putzt mit einem Packen Zellstoff. Er wischt die Scherben, die Flüssigkeit und das Desinfektionsmittel, das er daraufgekippt hat, um den Geruch zu neutralisieren, auf und wirft alles in den Mistkübel. „Und nur wegen der blöden Vitamininfusionen." Er verteilt noch einmal Desinfektionsmittel auf dem Tisch.

„Hallo." Meta steht in Jeans und einem Nirvanashirt in der Türe. „Hier riecht es aber gut."

„Findest du, ja?"

„Was ist das?"

Moses verzieht das Gesicht. „Multivitaminlösung."

„Sorry, dass ich zu spät bin."

„Macht ja nichts. Konntest du schlafen?"

„Warum fragst du?"

„Viele Leute schlafen nach dem Nachtdienst schlecht."

„Die Nacht war gut", sagt Meta. „Der Tag, meine ich. Du siehst aber auch müde aus."

„Ja", sagt Moses, „bin ich auch."

„Hast du eigentlich immer alleine Nachtdienst?"

„Seit zwei Jahren, ja. Als Michaela und Kathi gegangen sind, haben sie uns die Dienste gekürzt, weil sie niemanden mehr gefunden haben."

„Und das geht einfach so?"

„Hat wohl jemand ausgerechnet. Soundso viele Minuten pro Bewohner pro Nacht, und so weiter. Nur dass noch nie jemand von denen in der Pflege gearbeitet hat." Er wischt noch einmal über die Arbeitsfläche. „Und wie gehts dir sonst? Also mit der Station hier, mit T.?"

„Gut. Besser, als ich dachte, ehrlich gesagt."

„Sicher? Ist schon heftig, wenn man zum ersten Mal hier ist."

„Sicher. Ich mochte es, einfach für ihn da zu sein und zu spüren, wie sehr ihm das hilft. Weißt du, was ich meine?"

„Na dann." Moses wischt noch einmal mit Zellstoff über den Tisch. „Cooles T-Shirt übrigens."

„Findest du es unpassend?"

„Nein, wirklich cooles Shirt."

4

„Herr T. hatte keinen guten Tag", sagt Moses.

Meta betritt hinter ihm das Zimmer, in der einen Hand ein Magazin, in der anderen ihre Tasche. Sie hat sich vorbereitet.

Moses nimmt zwei Sprühfläschchen vom Nachttisch. „Schau mal", sagt er. „Du kannst ihm mit den Zerstäubern hier den Mund einsprühen, wenn du willst." Er hält die Fläschchen gegen das Licht, schüttelt sie und stellt sie auf den Nachttisch. „Ich schätze, ihr beide seid ausgerüstet", sagt er.

„Was ist da drin?" Meta flüstert.

„Wasser", sagt Moses, „schau mal." Er nimmt eines der Fläschchen und sprüht in die Luft.

Herr T. öffnet den Mund. Auch Meta hat unwillkürlich den Mund geöffnet. „Er mag das."

Moses sprüht Herrn T. das Wasser in den Mund, sorgfältig, je zwei Sprühstöße in beide Wangen, auf den Gaumen, die Zunge, das Zahnfleisch.

Herr T. hustet und schmatzt.

„Er mag es", sagt Meta. Moses nickt. „Wirkt gut gegen den trockenen Mund. Nicht wahr, Herr T.?"

Es kommt keine Reaktion.

Meta geht ein Stück näher zu Moses. „Sollten wir nicht ..."

„Was?"

„Na ja", flüstert Meta. „Neben ihm über ihn reden?"

„Herr T. versteht schon lange nichts mehr."

„Aber er hört uns doch."

„Hören vielleicht schon, aber ich glaube nicht, dass er uns noch versteht."

„Trotzdem."

„As you like it." Moses klopft Herrn T. auf die Schulter. „Gute Nacht, Mr. T."

Meta legt einen Polster auf den Sessel und setzt sich. „Schätze, wir sind ausgerüstet", flüstert sie, an Herrn T. gewandt, der nicht reagiert.

Sie legt ihre Sachen auf den Tisch hinter sich, beugt sich zu Herrn T. und stützt die Ellenbogen auf den Oberschenkeln ab.

Herr T. liegt heute nicht am Rücken. An seiner rechten Seite ist eine Decke zusammengerollt und unter seinen Körper gestopft, sodass er leicht nach links gedreht, Meta zugewandt, daliegt. Er ist mit einem Laken zugedeckt und auf seiner Stirn steht der Schweiß.

„Ihnen muss heiß sein", sagt Meta und schlägt das Laken ein wenig zurück. Herr T. bewegt die Lippen, kaum wahrnehmbar, auch den Kopf, macht Laute, die Meta nicht versteht.

„Wollen Sie Tee?"

Meta steht auf, geht um das Bett herum und greift nach dem Sprühfläschchen. „Das wird Ihnen guttun."

„Wollen Sie den Mund aufmachen?" Herr T. öffnet den Mund, lässt dabei die Augen geschlossen. Meta sprüht ihm auf die Lippen, dann in die Wangen, zuerst die linke, dann die rechte, am Ende auf die Zunge. Als sie in den Rachen sprüht, hustet Herr T. kurz. „Jajaja", sagt er, „jaja."

Meta lächelt. „Wollen Sie mehr?" Herr T. schließt den Mund. „Wir haben Zeit", sagt Meta.

5

Immer wenn Moses eine Bewohnerin heben muss, spürt er seinen Bandscheibenvorfall wieder. Er hat gelernt, sich darauf einzustellen, aber das macht den Schmerz nicht kleiner.

„Legen Sie die Arme um meinen Hals", sagt er und umarmt Frau L. Er stellt seine Füße ein wenig weiter nach vorne, holt tief Luft, geht in die Knie, schiebt das Becken nach vorne und hebt Frau L., langsam, um ihr nicht wehzutun. Sie macht keine Anstalten, mitzuhelfen, und er spürt den Schmerz, der einschießt, vom Rücken bis in das linke Bein. Er geht, immer noch Frau L. haltend, zwei kleine Schritte zum Bett und setzt sich an der Kante ab.

Sie lässt ihre Arme fallen. „Danke", sagt sie.

„Keine Ursache", sagt Moses, „aber bitte rufen Sie mich, wenn Sie wieder aufs Klo gehen." Er massiert sich den Schmerz aus dem Oberschenkel.

„Haben Sie sich verletzt?", fragt er.

Frau L. schüttelt den Kopf. „Nichts passiert", sagt sie, „nichts passiert, nichts passiert."

Moses lächelt. „Dann ist es ja nochmal gut ausgegangen."

6

„Ich habe Ihnen Märchen versprochen", sagt Meta. Herr T. bewegt die Lippen. „Möchten Sie, dass ich Ihnen jetzt vorlese?" T. zieht die Mundwinkel nach oben. „Ja?" Meta holt das Buch aus der Tasche und betrachtet das Cover. „Kräutermärchen", sagt sie, „kennen Sie die? Ich glaube, die waren schön. Mochten Sie Märchen? Ich habe sie geliebt, als Kind. Hm. Eigentlich immer noch, glaube ich, aber ich habe ewig keine mehr gelesen."

Sie schlägt das Buch auf. „Ich habe mir immer vorgestellt, wie es sein wird, meinen Kindern vorzulesen." T. dreht sich zu ihr, hält sich am Bettgitter fest. „Ich fange einfach mal an", sagt Meta, „und Sie sagen mir, wenn es genug ist, ja?"

7

Meta schließt das Buch. „Hören Sie das?" Ein leises Klingeln ist zu hören, aber sie ist nicht ganz sicher, woher es kommt. Sie steht auf und öffnet die Zimmertüre einen Spalt, um Herrn T., der eingeschlafen ist, nicht aufzuwecken.

Es ist das Telefon vorne am Stützpunkt, und es läutet bestimmt schon anderthalb Minuten, wenn nicht länger. Moses ist nirgends zu sehen.

Meta schließt vorsichtig die Türe hinter sich und geht zum Stützpunkt. Eine Handynummer ist auf dem Display zu sehen.

Meta blickt sich noch einmal um, sucht nach Moses, aber er ist nirgends. Sie hebt ab.

„Hier ist Pomp."

„Hallo." Meta hält den Hörer ein Stück weg von ihrem Ohr.

„Pomp hier. Wer spricht?"

„Mein Name ist Blum."

„Ah. Sind Sie die neue Ehrenamtliche?"

„Ja. Ich bin die Sitzwache für Herrn T."

„Super. Wo ist Moses?"

„Sind Sie Dr. Pomp? Der Arzt?"

„Ich brauche ihn dringend."

„Ich muss Ihnen etwas erzählen."

„Ich brauche jetzt wirklich den Pfleger."

„Ich habe ihm Märchen vorgelesen."

„Moses?"

„Herrn T."

„Aha. Kann ich jetzt bitte Moses sprechen?"

„Ich weiß nicht, wo er ist."

„Aber schon im Heim?"

„Ja, aber er ist in irgendeinem Zimmer."

„Können Sie ihn holen?"

„Nein, ich weiß nicht, wo er ist."

„Sagen Sie ihm bitte, dass ich angerufen habe. Stehen Sie im Stützpunkt?"

„Ja."

„Können Sie ein oranges Stethoskop sehen?"

„Ist das eine Fangfrage?"

„Nein. Können Sie es sehen?"

„Ich sehe kein Stethoskop."

„Na gut. Sagen Sie Moses bitte, dass ich angerufen habe."

8

Meta legt den Hörer wieder auf und sieht sich noch einmal um. Kein Stethoskop zu sehen, auch kein Moses. Sie steht kurz unschlüssig herum, dann geht sie zurück zu Herrn T.

Er hat sich auf den Rücken gedreht und kratzt sich, die Augen geschlossen, mit der rechten Hand an der Brust.

Meta schließt die Türe hinter sich, langsam, um T. nicht zu stören. Sie sieht auf die Uhr an der Wand und gähnt. Schon nach zehn Uhr.

T. bewegt sich im Schlaf und wimmert leise. „Schsch", sagt Meta. T. bewegt die Lippen, als würde er flüstern, aber es kommt ihm kein Laut über die Lippen. „Ich lasse uns frische Luft rein", flüstert Meta, „das wird Ihnen guttun."

Die Luft, die durch das gekippte Fenster kommt, ist kaum kühler als die im Zimmer. Noch neun Stunden. Vielleicht wird sie, wenn Herr T. wieder schläft, lesen, vielleicht ein wenig auf dem Handy spielen.

Als sie die Augen öffnet und sich umdreht, öffnet auch T. die Augen und beginnt völlig unvermittelt zu schreien.

Es sind Laute, keine Worte, und es ist ein durchdringendes Schreien, eine Verzweiflung, ein tierisches Leid, das Meta so noch nicht gehört hat.

Sie stürzt ans Bett und nimmt seine Hand. „Ich bin da", sagt sie, „ich bin da. Haben Sie Schmerzen? Oder Durst?" T. zieht die Hand weg und schlägt nach Meta, trifft aber nicht.

„Wasser? Oder Tee?" Meta greift nach dem Sprüh-fläschchen. T. schreit weiter. Meta sprüht ihm Wasser in den Mund. T. hustet.

„Entschuldigung", sagt Meta, „Entschuldigung bitte." Sie drückt auf den Knopf mit der Schwester, drückt zweimal, dreimal.

„Soll ich singen?"

T. antwortet nicht, schreit nur weiter. Meta beginnt zu singen, leise, ein Kinderlied. „Der Mond ist auf-gegangen", singt sie, „die gold'nen Sternlein prangen / am Himmel hell und klar." T.s Schreien wird leiser, er holt Luft, stockt, wird ein wenig ruhiger.

„Der Wald steht schwarz und schweiget / und aus den Wiesen steiget / der weiße Nebel wunderbar." Metas Stimme ist brüchig, auch sie wird immer leiser. Sie nimmt T.s Hand und drückt sie, und als sie bei „verschlafen und vergessen sollt" angekommen ist, ist T. still geworden und schläft.

9

Moses kommt nur eine Minute später. Meta hört auf zu singen und streichelt T.s Hand. „Es geht schon wieder."

Moses berührt T. an der Schulter. „Sing weiter", sagt er und Meta beginnt wieder zu singen. Moses stimmt ein. „Seht ihr den Mond dort stehen / er ist nur halb zu sehen / und ist doch rund und schön."

T. holt Luft, als setze er noch einmal zu einem Schrei an, wimmert aber nur leise und drückt Metas Hand so fest, dass es fast wehtut.

Bei der dritten Strophe wird Moses leiser, dann Meta, dann hören beide auf zu singen. Herr T. schließt die Augen, die Lider flattern noch ein wenig, dann lockert sich sein Griff. Meta zieht ihre Hand weg und schüttelt sie.

Moses lächelt. „Wunderbar", sagt er, „das hast du wunderbar gemacht."

„Er hat geschrien", flüstert Meta, „einfach so geschrien und nicht mehr aufgehört."

Moses richtet sich wieder auf. „Du hast das toll gemacht", sagt er. „Großartig."

„Danke. Vielleicht mochte er das Lied. Ich wusste gar nicht, dass ich den Text noch kann."

„Ja", sagt Moses, „oft sind es die alten Lieder, die sie beruhigen. Die vergisst man nicht." Er berührt Meta an der Schulter. „Komm", sagt er, „mach mal eine Pause." Er glättet das Bettlaken.

„Ich brauche aber keine Pause", sagt sie.

„Doch, brauchst du. Setz dich hin, trink einen Kaffee."

„Ich trinke keinen Kaffee."

„Du kannst auch ein wenig spazieren gehen, dir die Füße vertreten, wenn du willst. Ich bleibe mal eine Zeitlang bei ihm. Oben bin ich sowieso fertig."

„Oben?"

„Im ersten Stock. Auf der zweiten Station."

„Na gut", sagt sie, „dann gehe ich vielleicht wirklich kurz raus."

„Lass dir Zeit."

10

Läge ihr Telefon nicht in T.s Zimmer, könnte Meta jetzt die Taschenlampe benutzen und würde etwas sehen. Sie ist nicht weit gegangen, bloß durch die Schiebetür am Ende des Ganges, und jetzt steht sie wieder im aufgelassenen Pflegebereich.

Die Lichtschalter funktionieren nicht, nur ein bisschen Mondlicht dringt durch die Fenster.

Sie bewegt sich weiter, vorsichtig, weil sie in dem dämmrigen Licht kein Hindernis übersehen will.

Dass ihr jemand entgegenkommt, bemerkt sie erst spät. Am Ende des Gangs nähert sich ein schwankender Lichtschein, der Schatten an den Wänden tanzen lässt.

Meta ruft eine Begrüßung, aber es kommt keine Antwort. Der Lichtschein biegt um die Ecke und blendet Meta. „Hallo", ruft sie.

Als sich ihre Augen an das Licht gewöhnt haben, erkennt sie eine Taschenlampe, die an einer Gehhilfe ohne Räder baumelt. Die Person stellt die Gehhilfe ein Stück nach vorne, geht dann ein, zwei Schritte und stellt die Gehhilfe wieder nach vorne.

Es ist Frau Else. An der Gehhilfe hängt eine grobmaschige Tasche. Als sie auf gleicher Höhe sind, sagt Meta: „Guten Abend." Frau Else bleibt stehen, dreht den Kopf in Metas Richtung, ohne sie anzusehen, und nickt ihr zu, dann geht sie weiter.

„Brauchen Sie Hilfe?", ruft Meta ihr nach, aber Frau Else reagiert nicht und bewegt sich samt ihrem tanzenden Lichtschein weiter den Gang entlang.

Meta folgt ihr. Plötzlich bleibt Frau Else stehen und sagt, ohne sich umzudrehen: „Kindchen, ich kann das schon alleine, danke."

Als Meta gleichauf ist, macht Frau Else wieder einen Schritt nach vorne, stolpert und wäre fast gestürzt. Sie schiebt ihre Füße tiefer in die Filzpantoffeln. „Ist alles in Ordnung", fragt Meta.

„Ja", sagt Else, „ich muss zu meinen Erdbeeren", und sie tut das so, als erkläre es alles.

„Zu Ihren Erdbeeren?"

„Meinen Walderdbeeren. Sie sollten sie probieren, gleich bei den Büschen im Innenhof."

„Ich glaube, die Türe zum Hof ist verschlossen."

„Stimmt", sagt Else, „jammerschade, finden Sie nicht? Es waren großartige Erdbeeren."

Sie geht weiter den Gang hinunter. „Wollen Sie mich trotzdem begleiten?"

11

„Unser schöner Hof", sagt Frau Else im Familienbereich. Meta nimmt Platz. „Was meinen Sie damit?"

„Na, den Hof", sagt Else, die in ihrer Tasche kramt.
„Unser schöner Hof. Den hätten Sie mal sehen sollen,
bevor die ganzen Bagger angerückt sind. Wir haben
viel erlebt in dem Hof."

„Was denn?" Meta streckt die Finger aus. An zwei
Fingern ist der Nagellack ein wenig abgeblättert,
der rote und der blaue. Sie verschränkt die Hände
und legt sie in den Schoß. Ihr wird ein wenig übel,
auch schwindlig, als würde sich der Boden unter ihr
bewegen.

„Ist Ihnen nicht gut? Sie atmen so schnell." Frau
Else holt eine rote Plastikdose mit dem Logo einer
Bank aus der Tasche. „Wollen Sie etwas essen?
Wahrscheinlich haben Sie den ganzen Abend nichts
gegessen."

„Nein, danke."

„Wie Sie wollen." Frau Else öffnet die Dose. Sie
ist voll mit Walderdbeeren. Sie nimmt eine heraus
und steckt sie in den Mund. „Herrlich", sagt sie. „Tun
Sie mir einen Gefallen? Können Sie mir den Hof
beschreiben? Ich wüsste gerne, wie Sie ihn sehen."

„Was meinen Sie?", sagt Meta.

„Glauben Sie nicht, dass ich dumm bin", sagt Frau
Else, „ich weiß genau, was Sie jetzt denken. Sie fragen
sich, ob die Alte irgendeiner alten Pracht nachtrauert.
Und dann sagen Sie sich, dass man mir beibringen

müsse, dass hier nichts ist als Gras und Steine und Dreck. Aber sehen Sie", sagt Else, „der Hof hier war wahrscheinlich überhaupt nie anders als jetzt, nicht, seit Sie und ich leben, jedenfalls. Immer dieselbe Wiese und Erde, derselbe Unrat."

„Ich verstehe, dass Sie den Hof vermissen."

„Gar nichts verstehen Sie. Ich will auch Ihr Mitleid nicht. Sprechen Sie lieber mit mir. Erzählen Sie, beschreiben Sie mir, was Sie sehen."

„Da sind Baumaschinen", sagt Meta, „und ein Kran."

„Nicht die Baumaschinen", sagt Else, „beschreiben Sie mir den Hof, wie er früher war."

„Da kannte ich ihn ja noch nicht."

„Das macht nichts."

Meta steht auf, geht zur Terrassentüre und rüttelt am Knauf, aber der bewegt sich nicht.

„Der Boden ist ganz dunkel", sagt sie, „trockene Erde, sieht aus wie Asche. Und dort in der Ecke ein kleines Wiesenstück."

Frau Else kaut. „Eine wunderbare Wiese. Und Bäume."

„Da sind keine Bäume mehr."

„Schade. Was sehen Sie noch?"

„Und Scherben", sagt Meta.

„Die Scherben. Erzählen Sie mir davon", sagt Else.

Meta sieht genauer hin. Es sind Scherben, dunkelgrüne Scherben, jedenfalls sehen sie im Mondlicht dunkelgrün aus.

Für einen Moment fühlt sie sich alleine, und das auf keine schlechte Art, so als seien Frau Else, Moses und der schreiende Herr T. weit weg, eine halbe Welt weit.

„Und?"

„Scherben", sagt Meta, „in der Erde stecken Scherben."

„Wie sehen sie aus?"

„Sie sind grün, dunkelgrün."

„Wie eine Bierflasche."

„Zu groß", sagt Meta. „Eher wie ein Apothekerglas. So eines, das ganz oben in den Regalen steht, diese dicken, dunklen Flaschen mit handgeschriebenen Etiketten."

„Sehen Sie, jetzt haben Sie einer alten Dame eine Freude gemacht. Schön, wirklich schön", sagt Frau Else, „danke. Aber jetzt, meine Liebe, müssen Sie wahrscheinlich zurück zu Ihrem Bewohner."

„Meinem Bewohner?"

„Na, irgendwo haben Sie ja Ihre Nachtwache zu machen, nicht?" Else kichert.

„Ja", sagt Meta, „ja klar."

„Was tun Sie eigentlich, wenn Sie bei ihm sind?"

„Ich bin einfach da."

„Klingt ja spannend."

Meta setzt sich wieder hin. „Er hat Angst, glaube ich, wenn er alleine ist. Ich leiste ihm Gesellschaft. Vorhin habe ich ein Lied vorgesungen, als er Angst hatte."

„Und?"

„Er hat sich beruhigt, ist eingeschlafen."

„Schön. Für mich hat niemand gesungen."

„Das ist schade. Ich hätte es gemacht."

„Jetzt werden Sie mir aber nicht pathetisch, Kind. Was mag er denn sonst noch, Ihr Patient?"

„Das weiß ich nicht, er kann nicht sprechen."

„Junge Dame", sagt Frau Else und klappt ihre Plastikbox zu, „vielleicht sollten Sie einfach genauer hinhören."

12

Moses schiebt den Pflegewagen über den Gang zum nächsten Zimmer.

Der Wagen ist alt und klapprig und eine der Laden öffnet sich, wenn Moses eine Kurve fährt. Er muss nachher daran denken, sie wieder mit Klebeband zu verschließen. Fast hätte er sich das Knie gestoßen.

Würde jemand Moses fragen, gäbe es einen Wagen, mit dem man arbeiten könnte, und einen zweiten Pfleger im Nachtdienst. Moses fragt aber niemand, dafür gibt es Pflegeschlüssel, Berechnungen und Manager.

Noch ein Toter, denkt er, und sie schließen auch die letzten Stationen, dann müssen sie alle weg, alle, auch Moses, auch Frau L., alle.

Die Alten wird man in andere Heime verlegen, in welche, die noch Profit bringen. Nur auf Moses wird man verzichten müssen und daran denkt er, wenn er den kaputten Wagen über den Gang schiebt. Die Lade öffnet sich in der Linkskurve und er stößt sich das Knie.

Moses schreit auf und Meta, die gerade die Klinke zu Herrn T.s Zimmer nach unten drücken wollte, geht den Gang hinunter.

„Alles gut?", fragt sie.

Moses macht eine dramatische Geste. „Bin schwer verletzt." Er grinst. „Hab mich nur an dem tollen Wagen gestoßen, das ist alles."

„Sieht alt aus."

„Ist er auch."

„Ich weiß nicht, ob ich das jede Nacht könnte."

„Dir das Knie stoßen?"

„Deinen Job. Zweiundfünfzig Bewohner, hast du gesagt? Was machst du da, wenn dich mehrere gleichzeitig brauchen?"

„Weiß eh nicht genau, warum ich noch hier bin."

Meta schweigt.

„Na ja." Moses nimmt einen Zug. „Irgendeinen Grund wird es haben."

„Aber dein Job ist doch so wahnsinnig wichtig."

„Herr T. ist sicher nicht der Grund, das kann ich dir sagen. Aber lass uns erstmal weitermachen mit unseren wahnsinnig wichtigen Jobs."

13

„Es tut mir leid", flüstert Meta, „dass Sie hier so liegen müssen." Sie dreht das Sprühfläschchen zwischen den Fingern. „Und dass Sie offenbar niemand außer mir haben."

Herr T. ist wieder eingeschlafen. Meta holt vorsichtig ihr Magazin aus der Tasche. Sie hat es zu Hause gefunden, ein Fitnessmagazin, das sie irgendwann gekauft und nie gelesen hat. Auf dem Cover eine junge Frau beim Yoga. Sie lächelt, die Zähne sind weiß. Darunter der Titel „Mit Achtsamkeit im Lockdown: Entspannungstipps für Homeoffice & Co.".

„Was essen Sie eigentlich?", flüstert sie und sucht das Zimmer nach einem Hinweis ab, einer Keksschachtel oder Obst, Reste vom Mittagessen, irgendetwas. Da ist aber nichts, nur die Sprühfläschchen und Pflegeutensilien. Nichts, im ganzen Zimmer, kein Essen, keine privaten Dinge. Alles in diesem Zimmer gehört dem Heim.

Herr T. hustet. Ein Speichelfaden hängt an seinem Mundwinkel. Meta steht auf und sucht nach einem Taschentuch.

„Darf ich?", sagt sie, mehr zu sich selbst. Sie öffnet behutsam die Lade des Nachtkästchens. Darin liegt ein altes Brillenetui, das mit speckigem braunem Samt überzogen ist, und ein Kugelschreiber mit dem Aufdruck einer politischen Partei, die Meta nicht mag. Sie schließt die Lade.

Sie geht zu dem Kleiderkasten mit der Aufschrift „Privat" und öffnet beide Flügel. Der rechte schleift auf dem Boden, im Linoleum ist schon ein Viertelkreis sichtbar, wo er seine Spur gezogen hat.

Der Kasten ist fast leer. An einem Drahtkleiderhaken hängen ein brauner Anzug, der muffig riecht, ein weißes Hemd und eine schwarze Krawatte, sonst nichts.

Sie will die Türe wieder schließen, da fällt ihr die Flasche auf. Ganz unten, an der Rückwand des Kastens steht eine Flasche Cognac. Sie nimmt sie heraus.

Es ist eine billige Sorte mit schlecht gemachtem Etikett, das Hügel und eine Burg zeigt. Die Flasche ist zur Hälfte leer.

Meta stellt sie auf den Nachttisch und sucht im Badezimmer weiter, findet dort Zellstoff, nimmt einige Blätter und wischt Herrn T. sachte den Speichel aus dem Mundwinkel.

„Cognac also", sagt sie und setzt sich hin. Herr T. murmelt etwas, das Meta nicht versteht, und macht schmatzende Bewegungen mit den Lippen, fast einen Kussmund. Meta lächelt. „Na dann. Ich muss aber den Pfleger fragen."

14

Moses schiebt den Pflegewagen aus dem Zimmer. Aus dem Spender an der Wand nimmt er eine Portion Desinfektionsmittel und verreibt es in den Händen. An den Geruch von Stuhl hat er sich nie gewöhnt, auch nach achtzehn Jahren nicht. Der Geruch setzt sich fest und bleibt stundenlang. Manchmal dringt er sogar durch die Handschuhe und setzt sich an der Haut fest, dann hilft sogar das Desinfektionsmittel nur kurz. Vielleicht ist es aber auch Einbildung.

Moses wischt sich mit dem Unterarm über die Stirn. Die Sonne ist untergegangen und draußen wird es bestimmt schon kühler. Es wäre schön, den Pflegewagen in der Familienecke stehenzulassen und in den Innenhof zu gehen, auf einem der Gartenstühle zu sitzen wie früher und die Nachtluft zu genießen, vielleicht ein wenig Wind.

Sein Privathandy in der rechten Beintasche vibriert. Moses holt es mit Daumen und Zeigefinger heraus, wischt sich die andere Hand an der Hose ab und hebt ab. Bevor er noch etwas sagen kann, kommt Pomps Stimme aus dem Lautsprecher.

„Wer bitte hebt bei euch das Stationstelefon ab?"
„Pomp?"
„Ja, natürlich Pomp. Wer war die Frau am Telefon?"
„Welche Frau?"
„Die vorhin ans Telefon gegangen ist?"

„Ach so, das war Meta. Die neue Ehrenamtliche."

„Was für eine Art Name ist Meta? Na egal, ich suche mein Stethoskop. Hast du mein Stethoskop gesehen?"

„Das orange Ungetüm? Ist im Kaffeezimmer."

„Immerhin. Kannst du es irgendwo einsperren? Ich hole es morgen."

„Einsperren?"

„Damit es niemand stiehlt."

Moses lacht. „In Ordnung."

„Da gibts nichts zu lachen."

Bevor Moses noch etwas sagen kann, hat Pomp aufgelegt. Über die Jahre hat er sich abgewöhnt, sich über ihn zu wundern. Pomp wird morgen kommen, das Stethoskop abholen, wie schon oft, und wieder wird er sich nicht bedanken.

15

Meta schließt die Türe hinter sich, in der anderen Hand die Cognacflasche. Moses winkt ihr vom Ende des Gangs und steckt das Telefon wieder in die Beintasche.

„Hey", sagt er, als sie näher kommt, „hast du noch was vor heute?"

„Was?"

„Die Flasche."

„Ach so. Die habe ich bei Herrn T. gefunden. Stell dir vor, er hatte sie im Kasten, ganz hinten."

„Habt ihr zusammen aufgeräumt?" Moses grinst.

„Was?"

„Vergiss es. Soll ich die Flasche entsorgen?"

„Ja, nein, ich wollte eigentlich fragen –"

„Ja?"

„– ob wir ihm nicht davon geben sollen?"

„Ich weiß nicht", sagt Moses, „ob das eine gute Idee ist."

„Warum nicht? Wird ihm ja nicht schaden, oder?"

„Das nicht ..."

„Aber?"

„Die Regeln ..."

„Bitte", sagt Meta und nimmt die Flasche wieder an sich, „er würde sich sehr freuen."

„Na gut", sagt er, „aber nur ganz wenig, okay? Du könntest ein bisschen verdünnten Cognac in die Sprühflasche füllen."

„Super. Wir sind auf einem guten Weg, Herr T. und ich."

Moses schüttelt den Kopf und schiebt seinen Pflegewagen ein Stück weiter. „Wie du meinst."

16

„Ich habe den Pfleger gefragt", sagt Meta. „Gute Nachrichten, er hat es erlaubt. Ich mache Ihnen einen feinen Cognacspray, ja?"

Herr T. öffnet ein wenig die Lippen, aber es kommt kein Laut. „Ich beeile mich ja", sagt Meta, „gleich ist es so weit."

Sie schraubt das Sprühfläschchen auf und leert den Inhalt in das Waschbecken, dann füllt sie es halbvoll mit Cognac, gibt frisches Wasser dazu, schraubt es zu und schüttelt es. Sie sprüht zweimal in die Luft. „Riecht schon wie in einer Bar", sagt sie.

Herr T. macht seinen Kussmund. Meta sprüht ihm eine kleine Menge Cognacwasser auf die Lippen. Er öffnet den Mund. Die Augen bleiben geschlossen, aber Meta bildet sich ein, dass sich kleine Fältchen um die Augen bilden, als würde er lachen. Sie sprüht nochmal. Herr T. stöhnt leise, schließt den Mund.

„Gut, oder?", sagt Meta. Herr T. macht langsame Kaubewegungen und öffnet wieder den Mund. In seinem rechten Auge erkennt Meta eine kleine Träne.

17

Wendelin Pomp wiegt das Handy in der Hand, bevor er es weglegt. Es ist spät, und er ist müde. Es ist eine Müdigkeit, die sich gleichzeitig schwer und leicht anfühlt.

Er streckt sich auf der Couch aus und greift nach der Fernbedienung. Manchmal hilft es fernzusehen. Vielleicht wird er schlafen können, vielleicht nicht und Teleshoppingsender schauen bis in den frühen Morgen.

Schlaftabletten will er nicht nehmen, das wäre eine Niederlage. Manchmal denkt er in solchen Nächten an früher, besonders nach Mitternacht, an die Zeit im Krankenhaus und an die Nachtdienste, die ihm schon damals nicht leichtgefallen sind, an die Kollegen und an die Schwestern, besonders an Ed, die wahrscheinlich längst pensioniert ist oder, wie so viele, in einem anderen Beruf.

Pomp schaltet den Fernseher ein, aber den Ton wieder ab, rechtzeitig, bevor etwas zu hören war. Er mag die Stille, und auch das hätte er damals nicht gebraucht, ja, nicht einmal für möglich gehalten.

Ein wenig ärgert Pomp, dass er das Stethoskop nicht gleich geholt hat. Er hängt sehr daran. Dass Moses es sicher verwahrt hat, beruhigt ihn nicht restlos. Pomp hat das Stethoskop schon so lange, dass er nicht bereit ist, sich für den Rest seines Berufslebens an ein anderes zu gewöhnen. Er mag, wie es sich in der Manteltasche aufrollen lässt, und er mag die zwei Schläuche, durch die es sich von den Stethoskopen seiner Kollegen unterscheidet.

Er benutzt es kaum mehr. Es ist Jahre her, dass er durch das Stethoskop etwas anderes gehört hat als die Stille, wenn er die Membran an die toten Körper der Heimbewohner hält. Er hat, wie so viele, aufgehört, Lebende abzuhören.

Während er noch nachdenkt und sich ärgert, schläft er ein, die zweite Nacht in Folge auf der Couch, was er morgen früh bereuen wird, aber das stört ihn jetzt nicht, und da liegt er und schnarcht und der Fernsehsprecher bewegt dazu lautlos die Lippen.

18

Der Schnaps. Warum niemand auf die Idee mit dem Schnaps gekommen ist, Meta ist mit sich zufrieden, obwohl sich der Schnapsgeruch mit dem säuerlichen Altmännergeruch von T. verbindet und sie zwingt, kurz die Luft anzuhalten.

Sie stellt das Fläschchen, das sie die ganze Zeit in der Hand hin und her gedreht hat, auf den Nachttisch.

Sie geht ins Badezimmer, wäscht sich das Gesicht mit kaltem Wasser, trocknet sich mit dem Zellstoff ab und nimmt auf ihrem Sessel Platz. Herr T. ist unruhig und nestelt mit den Fingern am Rand der Bettdecke. Auf der Decke sind dieselben Blumen wie auf seinem Nachthemd, die Standardblumen jedes Heims oder Krankenhauses. Herr T. nestelt mit geschlossenen Augen.

Sie legt ihre rechte Hand auf seine linke. Herr T. nestelt weiter, stöhnt und fletscht die Zähne. Meta will sie beinahe wieder wegziehen, da dreht Herr T. seine Hand, sodass sich ihre Handflächen berühren, und drückt ganz leicht Metas Hand. Meta drückt zurück. „Ruhig", sagt sie, „ich bin bei Ihnen, die ganze Nacht."

19

Das Heim liegt hinter Meta und die Sonne scheint ihr auf den Hinterkopf. Es ist kühl, die Luft ist feucht.

Sie hat mit Moses nicht weiter über den Cognac gesprochen, hat die Flasche wieder in den Kasten zurückgestellt.

Der Hügel, auf dem das Heim liegt, bietet eine schöne Aussicht. Meta bleibt einen Moment stehen und geht dann weiter, trotz der Müdigkeit geht es sich leicht, als sie mit der Sonne im Rücken zur Stadt hinunterwandert.

Fast läuft sie, fast hüpft sie, und als sie sich auf die Bank an der Bushaltestelle setzt, kann sie das Grinsen nicht mehr zurückhalten.

20

Moses denkt nur noch ans Duschen. Er schließt das Fahrradschloss auf und fährt den Hügel hinab in die Stadt. Er mag es nicht, bergab zu fahren, bremst immer wieder.

Die zweite Nacht in Folge und es sind noch vier, die kommen, weil er immer abhebt, wenn sie anrufen, wenn wieder einmal jemand krank wird oder gekündigt hat und ein Dienst zu besetzen ist.

Am Fuß des Hügels, kurz vor dem Ortsschild sieht er Meta an der Haltestelle sitzen. Sie trägt keine Kopfhörer, wirkt aber, als höre sie Musik, wie sie sitzt, die Lippen ein wenig bewegt und, die Beine übereinandergeschlagen, mit dem linken Fuß zu einem Takt wippt, den nur sie kennt.

Die dritte Nacht

Wie man sich verletzt.
Wahre Geschichten und Sommergewitter.

1

Meta ist fasziniert. Angelika drückt zwei Blutdruck-
tabletten aus dem Blister in den Plastikdispenser,
der vor ihr auf dem Tisch liegt. Es ist der dritte Dis-
penser und sie hat nicht eine Tablette danebenfallen
lassen, trifft jede Vertiefung aus zehn Zentimetern
Höhe. Meta ist vor zehn Minuten gekommen und hat
sogar vergessen, ihre Tasche abzustellen.

„So elegant", sagt sie.

„Hm?" Angelika blickt nicht auf.

„Sie machen das so elegant." Meta nimmt die Tasche
auf die andere Schulter. Sie hat heute Zeitungen mitgebracht und eine Flasche mit gutem Cognac von zu
Hause.

„Die Tabletten, meine ich."

Angelika lächelt. „Ist nicht gerade der schwierigste
Teil hier."

„Sind die für heute Abend?"

Angelika nimmt eine andere Packung aus dem
Schrank. „Die sind für morgen."

„Wann haben Sie frei?", fragt Meta.

„Ich habe schon frei", sagt Angelika.

Meta sieht Moses an, der im Nebenzimmer mit
einem alten orangen Stethoskop spielt.

„Und warum machen Sie das noch?"

„Moses mag die Tabletten nicht", sagt Angelika,
„und mir macht es nichts aus."

Moses leckt seinen Zeigefinger ab und blättert seine Zeitung um. „Zu große Finger", sagt er, „oder zu kleine Tabletten."

Angelika stellt die Medikamentenpackungen zurück in den Schrank. „Außerdem freut er sich. Er bleibt für die Morgenpflege auch immer länger." Sie geht zu Moses, klopft ihm auf die Schulter. „Frau L. wird dich bald brauchen. Sie hat wieder gefiebert und war ziemlich verwirrt."

„Oje. Vielleicht rufe ich Pomp an", sagt Moses.

„Wie du meinst." Sie hustet und zeigt auf das Stethoskop. „Das hier wird er sich ohnehin bald holen wollen. Du weißt, wie er ist, wenn er seine Sachen verliert."

„Vielleicht verstecke ich es irgendwo."

„Ja klar, unser Stationskobold." Sie streicht mit ihrer vom Desinfektionsmittel feuchten Hand über Moses' Gesicht.

„Hey!"

„Ruhigen Dienst, Pumuckl." Angelika geht den Gang hinunter, leicht vornübergebeugt. Vor der Garderobentüre richtet sie sich auf, lässt die Schultern kurz kreisen und atmet auf, als sie die Klinke hinunterdrückt.

2

„Sollen wir uns aufteilen?" Meta hat ihre Tasche genommen und ist aufgestanden. Moses sitzt noch. „Hilft ja nichts", sagt er, stützt sich mit beiden Händen auf dem Tisch ab und steht auf. „Frau L. wartet bestimmt schon."

„Sie ist krank, oder?" Meta positioniert den Riemen ihrer Tasche neu.

„Sie fiebert, und wenn sie fiebert, wird sie verwirrt und klettert aus dem Bett."

„Das ist ja schrecklich. Gibt es da keinen Schutz?"

„Welchen Schutz?"

„Es gibt doch Bettgitter."

„Abgesehen davon, dass sie da rüberklettern würde, ist das verboten. Wäre Freiheitsberaubung."

„Freiheitsberaubung?"

„Der Freiheit zu stürzen sozusagen. Ich kann's nicht ändern."

„Die Arme."

„Wenn du was brauchst, läutest du, ja?"

3

Meta stellt die Cognacflasche auf den Nachttisch. Sie lächelt Herrn T. an. „Heute", sagt sie, „habe ich etwas Besonderes dabei. Der ist richtig gut, da werden Sie Augen machen."

T. reagiert nicht. Meta dreht die Flasche so, dass er das Etikett sehen kann.

„Sie können ja mal kosten", sagt sie, „und wenn Sie lieber Ihren eigenen Cognac wollen, ist das auch in Ordnung. Wir haben die ganze Nacht Zeit, nicht, Herr T.?" Sie setzt sich nieder. „Haben Sie eigentlich früher gerne gelesen?"

Herr T. ächzt und bewegt die Schultern, die Beine, bis er eine angenehme Position gefunden hat.

Meta rückt mit dem Sessel näher zu T. und nimmt seine Hand zwischen ihre Hände. Seine Hand ist feucht und liegt schwer auf ihrer, obwohl sie im Vergleich zu seinem restlichen Körper klein ist und die Finger feingliedrig scheinen, als seien sie schon vorzeitig geschrumpft. Sie tätschelt seinen Handrücken. „Wir machen das schon", sagt sie, „wir zwei, wir machen das."

4

Wendelin Pomp ist in der Badewanne eingeschlafen. Das passiert ihm oft, obwohl er es, seit er einen Bericht darüber gelesen hat, wie Leute auf diese Weise ertrunken sind, immer zu verhindern versucht.

Als er aufwacht, spürt er die Atemnot, weil beim Schlafen sein Kopf nach vorne gekippt ist, das Kinn fast an der Brust. Die Rückenschmerzen werden so bestimmt nicht besser.

Pomp steht also auf, kurzatmig und schwindelig von der Hitze im Badezimmer, und telefoniert. Das Handtuch hat er um die Hüfte geschlungen, es käme ihm seltsam vor, nackt mit jemandem zu telefonieren, dem er sich auch bei einer echten Begegnung nicht so gezeigt hätte.

„Hallo?"

Moses lehnt sich an die Wand am Stationsgang. „Pomp?"

„Jaja, bin dran."

„Ich weiß, dass du keinen Dienst hast."

„Schon gut. Was ist los?"

„Frau L. fiebert. Sie gefällt mir nicht. Echt nicht, sie ist verwirrt und unruhig und ich will ihr nicht einfach ein Schlafmittel geben. Kann aber auch nicht die ganze Zeit bei ihr sitzen. Ich weiß so schon nicht, wo mir der Kopf steht."

„So schlimm?"

„Durchfall auf drei Zimmern im ersten Stock. Und du weißt, wie schnell sich das ausbreitet."

„Ach Scheiße."

„So kann man es auch sagen. Und alle bräuchten Zeit von mir, auch die anderen Bewohner, aber ich laufe nur von A nach B und komme zu nichts. Same shit, different night." Er atmet hörbar durch die Nase aus. „Hör mal, ich gebe Frau L. jetzt zwei Paracetamol, damit sie abfiebert."
„Ist gut."

„Aber ..."

„Ja."

„Ich weiß, dass du nicht Dienst hast ..."

„Spucks aus."

„Mir wäre wohler, wenn du sie dir kurz ansiehst."

Pomp hat keinen Dienst, aber er wird sich anziehen, wird in den alten Toyota steigen, das Radio anschalten und sich auf den Weg ins Heim machen.

5

Es ist sein dritter Nachtdienst in Folge und Moses hat schon darauf gewartet, dass die Schmerzen beginnen. Dabei ist es nicht einmal beim Heben passiert, nicht bei der Pflege, sondern als ihm sein Kugelschreiber auf den Boden gefallen ist. Er hat sich gebückt, falsch gebückt, und jetzt steht er da, an den Pflegewagen gelehnt, und stöhnt.

Es wird wieder Tage dauern, bis der Schmerz vergeht, und es ist nicht hilfreich, dass noch drei Nachtdienste warten, heute nicht eingerechnet.

Im Sommer war es immer schlimm mit den Diensten, weil es wegen der Urlaubszeit noch knapper wurde, aber inzwischen ist es das ganze Jahr nicht viel besser.

Er richtet sich auf, streckt sich, ignoriert den Schmerz im Rücken, der bis ins Gesäß zieht. Er wischt sich mit dem Handrücken den Schweiß von der Stirn und geht weiter.

6

Meta hat sich eingerichtet. Sie hat alle Sachen ausgepackt und auf dem Tisch in T.s Zimmer ausgebreitet. „Wir sind ausgerüstet", sagt sie, „alles bereit." Sie lächelt.

Herr T. liegt auf der Seite, den Rücken zu Meta gewandt. Seine Atmung ist laut, ein stetes An- und Abschwellen der Atemzüge, mit Pausen, Hüsteln, und zwischendurch immer wieder lautes Schnarchen.

Meta rutscht auf ihrem Sessel hin und her. „„Alles in Ordnung?", fragt sie, aber Herr T. antwortet nicht, bewegt sich nicht einmal.

„Vielleicht hat er Alpträume", sagt Frau E.

„Waren Sie irgendwann in diesem Zimmer?", fragt Meta.

„Kind", sagt Frau Else, „natürlich nicht. So gut war ich nicht mehr zu Fuß. Und was hätte ich hier verloren gehabt?"

Sie setzt sich und kramt in ihrer Tasche. „Erdbeeren?" Sie holt die Plastikdose heraus.

„Nein", sagt Meta und sagt es laut, erschrickt daraufhin, aber Herr T. schläft weiter.

„Sieht so aus, als träumte er jetzt nicht mehr." Else kaut eine Erdbeere.

„Sieht so aus." Eine Zeitlang schweigen sie, dann sagt Meta: „Er tut mir so leid."

„Ja?"

„Klar", sagt Meta, „Ihnen nicht?"

„Na ja", sagt Else, „das ist eine seltsame Frage, wenn

Sie meine Verfassung bedenken. Aber ich kann Sie schon verstehen, Kind."

Eine Zeitlang schweigen die beiden. Else isst Erdbeeren und Meta beobachtet Herrn T. Fast schläft sie ein, da sagt Else: „Junge Frau?"

„Ja?"

„Sie machen das ganz gut."

7

Der Schwindel will nicht vergehen. Pomp legt den ersten Gang ein und trommelt mit den Fingern auf das Lenkrad. Die Ampel schaltet auf Grün und der Wagen vor ihm braucht ein paar Sekunden, um wegzufahren. Hätte er nicht zu seinem Schwindel auch noch Kopfschmerzen, würde er hupen, aber so wartet er und verdreht die Augen.

Zum Glück biegt der Vordermann an der nächsten Kreuzung ab. Pomp steigt aufs Gas. Das Fenster hat er heruntergelassen, weil die Klimaanlage kaputt ist. Er hält den Kopf in den Fahrtwind, auch wenn sich der kaum kühler anfühlt als die Luft im Wagen.

Pomp parkt auf dem Platz vor dem Heim und stellt den Motor ab. Er bleibt noch kurz sitzen, stellt dann die Beine aus dem Wagen und steht langsam auf. Er stützt sich am Autodach ab. Die Luft fühlt sich schwer und feucht an.

Es ist nicht nur das Vollbad. Seit er sechzig geworden ist, spürt Pomp das Wetter. Er wartet, bis das Flimmern vor den Augen vergeht. „Gewitter", murmelt er, „gut so."

8

Moses liest den Fiebermesser ab und hält ihn Pomp hin. „Sechsunddreißig neun", sagt er. Pomp nickt. Moses positioniert Frau L.s Arm neu, aber sie zieht ihn weg und klammert sich an den Bettrand.

„Auauauau", sagt Frau L.

Moses streicht ihr über die Stirn. „Ich weiß nicht, sie fühlt sich heiß an."

„Hast du im Mund gemessen?", fragt Pomp.

Moses wirft ihm einen giftigen Blick zu. „Danke für den Hinweis, Sherlock."

„Das Paracetamol wirkt", sagt Pomp, „besser, ich verschreibe trotzdem ein Antibiotikum."

„Danke. Ich hole noch Matratzen für den Boden, falls sie wieder rausklettert."

„Soll ich auf sie aufpassen, während du sie holst?"

„Würdest du?"

„Hab heute nichts mehr vor."

Als Moses gegangen ist, wirft Pomp noch einen Blick auf Frau L. und schüttelt den Kopf. „Ein Jammer", sagt er.

9

Meta tippt auf ihrem Handy. T. ist wach und sieht sie an. Manchmal greift er nach oben, als würde er etwas aus der Luft pflücken.

„Sie mögen ja Musik", sagt Meta, „oder? Jedenfalls hatte ich den Eindruck, als ich gesungen habe. Was mögen Sie denn? Schlager? Klassik?" Sie betrachtet T.s Gesicht, aber der zeigt keine Reaktion. „Pop? Rock?" T. deutet ein Lächeln an, jedenfalls glaubt Meta, eines zu erkennen.

„Pop und Rock also. Ich könnte Ihnen eine Playlist machen. Wissen Sie, was das ist, eine Playlist?" Sie tippt auf ihrem Handy. „Ich habe fast alle Lieder, die es gibt, hier auf dem Telefon. Großartig, oder? Schallplatten mag ich aber auch." Sie holt tief Luft. „Ich werde die Playlist ‚Nachtdienst-Pop' nennen." T. greift wieder in die Luft. „Gut, fangen wir an. Sollen wir anfangen? Mögen Sie die Beach Boys?"

10

Seit mindestens fünfzehn Minuten wartet Pomp schon auf Moses. Frau L. ist nach wenigen Minuten eingeschlafen. Schon eine Zeitlang beobachtet Pomp sie, ihre eingefallenen Wangen, die falschen Zähne, die bestimmt einmal zu ihr gepasst haben, aber jetzt zu groß für ihr Gesicht wirken. Pomp sieht sie an, sieht sie intensiv an, und er sucht nach dem Gefühl, das er vor zwei Tagen bei Frau E. hatte.

Aber so genau er ihre Gesichtszüge studiert, er kann das Gefühl nicht mehr finden. Nicht, dass sie ihm nicht leidtäte, wie sie daliegt, vor allem, weil Pomp weiß, dass sie wieder aufwachen und wieder Angst haben wird. Aber es ist nicht die Traurigkeit, die er bei Frau E. hatte, sondern ein Bedauern. Frau L. war seit ihrem Einzug vor vier Monaten nie anders als jetzt, nie als Person spürbar, wie E. und die anderen, damals.

Angenehm. Das Bedauern hier fühlt sich angenehm an, weil es eine Art Überlegenheit ist, ein Gefühl, mit dem er den Raum verlassen und das ihn begleiten wird, wenn er das Antibiotikum und Fiebersenker auf ihre Medikamentenliste setzt, vielleicht auch ein Schlafmittel.

Frau L. murmelt im Schlaf, macht einen tiefen Atemzug.

Moses kommt kurz darauf, eine dünne Matratze in

Händen. „Sorry", sagt er, „musste noch rauf, da schreit auch jemand."

„Gib her", sagt Pomp und hilft ihm, die Matratze neben Frau L.s Bett zu positionieren.

„Ob die viel hilft? Na ja. Eigentlich traurig", sagt er, „dass die Leute immer erst hierherkommen, wenn man kaum mehr mit ihnen sprechen kann, oder?"

Moses rückt die Matratze zurecht. „Man kann auch mit den Dementen kommunizieren, you know?"

„Du weißt schon, wie ich das meine. Erinnerst du dich an die Sommerfeste damals? Stell dir das heutzutage mal vor. Könnte ja kaum einer von den Bewohnern mehr dabei sein."

„Stimmt schon. Aber bald gehört der Hof eh den IT-Typen gegenüber."

„Oh ja."

Moses schüttelt den Kopf. „Schade", sagt er, „jammerschade."

11

Meta drückt auf Pause und sperrt ihr Handy. Herr T. ist nach dem dritten Song eingeschlafen.

Sie nimmt ihre Schuhe in die Hand und schleicht sich in Socken auf den Gang. Sie schließt die Türe hinter sich, hört noch kurz hin. Aus dem Zimmer kommt nur T.s gedämpftes Schnarchen, sonst nichts.

Meta geht zum Familienbereich und setzt sich. Es wird schon dunkel, aber sie braucht kein Licht. Sie sieht in den Innenhof, wo die Baumaschinen und die Scherben am Boden noch deutlich zu erkennen sind.

Meta lehnt sich zurück. Das Leder der Couch ist kühl, und wäre da noch ein Luftzug, es könnte sich fast erfrischend anfühlen.

12

Meta steht an der Saftbar und wiegt einen leeren Becher in der Hand. Das Logo des Heimbetreibers ist fast nicht mehr zu erkennen und am oberen Rand sind zwei abgeschlagene Stellen.

Meta versucht sich zu entscheiden. An der Wand sind die Flaschen aufgereiht: Apfelsaft, Orangensaft, Multivitamin. Sie hat die Etiketten überprüft: Alle Säfte sind frisch. Seltsam, denkt sie, dass jemand in diesem Bereich, den niemand mehr benutzt, regelmäßig frische Saftflaschen aufstellt.

„Apfelsaft", sagt Frau Else. „Der Apfelsaft ist besonders gut."

„Wissen Sie", sagt Meta, „ich habe Sie ja anders eingeschätzt."

„Wie meinen Sie das?"

„Na ja, ich dachte, Sie hätten eher einen anderen Saft gemocht. Erdbeer? Oder was Exotisches mit ein bisschen Säure. Limette?"

„Wo Sie recht haben, haben Sie recht."

Meta entscheidet sich für Apfelsaft und füllt den Becher halb voll, den Rest mit Leitungswasser, das sie eine Zeitlang laufen lässt, bis es sehr kalt wird. Als er voll ist, hält sie erst eine Hand unter den Wasserstrahl, dann die andere, schöpft Wasser und wäscht sich das Gesicht, den Hals, den Nacken.

13

Im ersten Stock gibt es keine Familienecke, nur zwei orange Klappsessel an der Wand neben einer Kommode, die aussieht, als sei sie noch älter als das Heim selbst, als habe sie jemand mitgebracht und dann dem Haus hinterlassen. Moses schiebt den Pflegewagen an die Wand und klappt einen der Sessel nach unten.

Wasser. Jetzt hätte er gern ein Glas Wasser oder etwas Saft. Er lehnt sich zurück, den Kopf an die Wand. Wenn er aufrecht sitzt, geht es mit den Schmerzen besser, und die harte Sitzfläche, die Wand als harte Rückenlehne tut gut, auch weil sie sich kühl anfühlt auf seinem nass geschwitzten Rücken. Bald elf Uhr, denkt er, noch eine Stunde, dann kann er das Shirt wechseln, den Espresso machen, vielleicht sogar heute Meta dazu einladen und kurz die Füße hochlegen.

Moses hätte gern Musik. Manchmal stellt er sich vor, wie es wäre, könnte er mit Kopfhörern arbeiten, am besten modernen Kopfhörern mit Noise Cancelling, dann müsste er nichts mehr hören, könnte lautlos über die Stationen wandern, seine Arbeit machen, ohne ein einziges Geräusch.

„Abend", sagt Pomp.

Meta dreht sich um und trinkt einen Schluck Apfelsaft. Er schmeckt kühl und süß und sie vergisst zu antworten, bis Pomp noch einmal sagt: „Abend."

„Guten Abend", sagt Meta, „Entschuldigung."

Pomp lässt sich auf die Couch fallen. Er bohrt mit dem kleinen Finger im Ohr und wischt ihn an den Shorts ab.

„Die Sitzwache", sagt er, „du bist bestimmt die Sitzwache."

Meta versucht, den Finger und die Stelle an der Hose, in die Pomp ihn gewischt hat, zu ignorieren. „Wir haben gestern telefoniert."

Pomp steht auf, wischt sich die Hand noch einmal an der Hose ab und hält sie ihr hin. „Wo sind meine Manieren?", sagt er. „Also noch einmal offiziell: Ich bin Pomp. Der Arzt hier. Oder das Mädchen für alles, wie man es nimmt."

„Ich bin Meta. Und kurz auf Pause."

„Klar", sagt Pomp, „nimm Platz. Sollen wir einen Kaffee trinken? Schwarz? Milch?"

„Danke", sagt sie, „ich bleibe bei Saft."

„Gut", sagt Pomp, „dann nicht, ist sowieso nicht gesund, so spät. Aber wie man Nachtwache macht ohne Kaffee, das ist mir schleierhaft."

„Sitzwache", sagt Meta.

„Auch egal", sagt Pomp, „aber in deinem Alter kann man wahrscheinlich auch ohne Kaffee die Nacht durchmachen. Apropos Alter, welches Semester bist du?"

„Ich studiere nicht", sagt Meta.

„Keine Medizinerin?"

Meta schüttelt den Kopf.

Pomp richtet sich auf, lehnt sich nach vorne und stützt sich mit den Unterarmen auf den Knien auf. „Und was zum Teufel hat dich dann geritten, diesen Job anzunehmen? An der Bezahlung kann es ja nicht liegen."

„Ich bin ehrenamtlich hier."

„Ja? Das gibts noch?"

„Wie meinst du das?"

Pomp lehnt sich zurück und verschränkt die Hände hinter dem Kopf. „Sorry. Die Zeiten sind halt nicht so, dass hier noch Leute anfangen oder sich überhaupt für uns hier interessieren. Aber egal. Wichtig ist, wie geht es dir mit dem wunderbaren Herrn T.?"

„Er mag Cognac."

„Cognac? Ein guter?"

„Herr T. mochte ihn."

„Überraschung."

„Wie meinst du das?"

„Nur so eine Ahnung." Er zwinkert.

„Aber er mag ihn wirklich. Ich habe verdünnten Cognac in den Zerstäuber gefüllt. Er hat sogar gelacht."

„Hat er das?"

„Stimmt was nicht?"

„Nein, alles gut. Aber ich weiß nicht, ob du einem wie T. ausgerechnet Schnaps geben solltest."

Meta rückt ein wenig von ihm weg. „Warum nicht? Ist ja kein Krankenhaus hier."

„Das will ich auch hoffen."

„Wie meinst du das?"

„Ich war schon lange in keinem Krankenhaus mehr, und das darf auch gerne so bleiben."

„Du warst im Krankenhaus?"

„Onkologie", sagt er, „aber das ist lange her."

„Und jetzt arbeitest du im Heim?"

„Nicht direkt", sagt Pomp, „ich helfe hier nur aus. Eigentlich habe ich eine Praxis für Schmerztherapie."

„Schmerztherapie? Das ist ja toll."

Pomp stellt die Füße wieder auf den Boden und lehnt sich nach vorne. „Hör mal", sagt er, „du solltest Moses nichts von dem Cognac sagen. Hat er nicht so gerne, und ganz besonders nicht bei T." Er klopft sich mit den flachen Händen auf die Oberschenkel. „Aber jetzt", sagt er, „muss ich erstmal mein Stethoskop suchen. Hat Moses gesagt, wo es ist?"

„Das alte orange? Im Stützpunkt."

„Alt und gut", sagt Pomp, „die werden nicht mehr gemacht in der Qualität."

15

Pomp schwingt das Stethoskop, lässt es kreisen, lässt den Schlauch sich auf seinem Zeige- und Mittelfinger auf- und wieder abwickeln. Solche Stethoskope werden nicht mehr gemacht, Zweischlauchsystem, einfacher Kopf ohne Schnickschnack, kein Gold, eben ein Stethoskop, das nicht als Dekoration dient, sondern eines, mit dem man Leute abgehört hat, früher.

Er sperrt die Türe zur Ordination auf, geht im Dunkeln hinein, das Mondlicht reicht aus. Pomp tastet sich vor, legt das Stethoskop auf die Ablage hinter der Eingangstüre und schließt die Türe hinter sich.

Er legt sich samt Schuhen auf die Liege und schaltet den Fernseher ein. Er wird sich ein wenig ausruhen, bevor er heimfährt, vielleicht ein wenig schlafen.

16

Moses kommt mit dem Pflegewagen um die Ecke. Der Familienbereich liegt im Dunklen, und gerade als er den Lichtschalter betätigen will, sieht er Meta, die auf der Couch eingeschlafen ist.

Moses parkt den Wagen vorsichtig an der Seite, aber die Lade löst sich und knallt gegen die Wand.

„Sorry", sagt Moses. „Wollte dich nicht erschrecken."

Meta reibt sich die Augen. „Schon gut."

„Schön", sagt Moses, „gut geschlafen?"

„Erwischt. Ich konnte nicht schlafen. Am Tag, meine ich. Keine Ahnung, wie du das machst, aber ich schlafe nicht gut, wenn es draußen hell ist."

„Ich kann jederzeit schlafen, no problem."

Meta steht auf. „Ich glaube, ich sollte wieder zu Herrn T. Wie spät ist es?"

„Sicher noch viel zu früh", sagt Moses und sieht auf die Uhr. Es ist eine Plastikuhr, die mit einem Clip an der Brusttasche seines Shirts befestigt ist. „Ich glaube, ich brauche eine Pause."

„Du siehst auch recht müde aus."

„Und wie gehts dir mit T.? Muss schwierig sein wachzubleiben, wenn du bei ihm bist."

„Es geht", sagt Meta, „und die Schwierigkeiten mit dem Wachbleiben haben wir ja gerade gesehen." Sie grinst. „Es geht uns – mir – gut, glaube ich." Sie macht eine Pause. „Ich habe ihm die Hand gehalten. Und eine Playlist gemacht.“

„Eine Playlist?“

„Ja. Wusstest du, dass er die Beach Boys mag?“

„Ehrlich gesagt, nein. Du kümmerst dich ja echt intensiv um ihn.“

„Ist ja selbstverständlich. Den Cognac hat er übrigens auch gemocht. Ich finde das schön, weißt du? So etwas Gutes tun, ganz einfach.“

„Okay ...“

„Du wirkst nicht begeistert.“

„Schau mal“, sagt er, „es ist echt gut, wie du dich kümmerst, und ich mag deine Energie ...“

„Aber?“

„Nichts. Sorry. Ich bin einfach müde.“

„Du wolltest doch etwas sagen?“

Moses rückt auf der Couch herum. „Sag mal ... haben die dir nichts erzählt? Über T., meine ich, hat die Chefin beim Vorstellungsgespräch nichts gesagt?“

„Keine Ahnung, was du meinst.“

„Die haben ihr nichts gesagt“, sagt er und lacht kurz auf. „Du hast wirklich keine Ahnung, oder?“

Meta schüttelt den Kopf.

„Oh shit.“ Moses vergräbt das Gesicht in den Händen. „Seriously.“

„Jetzt sag schon.“

„Es gibt da ein paar Gerüchte.“

„Gerüchte? Was soll das heißen?“

„Er war wohl mal Unternehmer. Recht erfolg-

reich, irgendwas mit Teppichen, Vorhängen, Innen-
einrichtung halt." Und Gerald hat gehört ..."

„Gerald?"

„Ein Kollege, hat vor Monaten gekündigt. Na, jedenfalls hat Gerald über eine Bekannte ein paar
Sachen über T. gehört. Und letztens war ein Sanitäter
hier, der auch ein paar Andeutungen gemacht hat, als
er seinen Namen an der Zimmertüre gesehen hat."

„Und was?"

„Na ja, er dürfte Schnaps schon immer recht gerne
gehabt haben, und es gab da wohl immer wieder Not-
rufe bei ihm zu Hause. Wegen seiner Frau vor allem."

„Seiner Frau?"

„Na ja."

„Hat er –"

„Sie geschlagen? Kann sein. Wahrscheinlich. Hör
mal", sagt er, „ich erzähle dir das jetzt nicht, um dich
irgendwie zu beunruhigen oder so."

Meta betrachtet ihre Hände. „Und wie ist er
hierhergekommen?"

„Er war im Krankenhaus, Neurologie. Und dann
hat er den Platz hier bekommen. Normalerweise
wartet man monatelang. Aber er, sofort den Platz,
ganz schnell. Angeblich als Selbstzahler. Und was
auch seltsam ist: In all den Monaten war nie jemand
zu Besuch."

„Und seine Frau?"

„Keine Ahnung."

„Oh Gott. Ist sie noch am Leben?"

Moses zuckt mit den Schultern. „Keine Ahnung. Wir haben nichtmal den Namen. Aber irgendjemand bezahlt wohl jeden Monat seine Rechnung, sonst wäre er schnell hier raus."

„Seltsam."

„Ja, ganz sonderbare Sache. Feiner Typ war er jedenfalls offenbar keiner. Was ich wirklich nicht weiß", sagt er, „warum sie dich da reinsetzen, Nacht für Nacht, ohne dir irgendwas zu sagen. Finde ich nicht in Ordnung."

Meta zupft an ihrem Armband. „Ich –", beginnt sie, dann verstummt sie wieder.

Moses schüttelt den Kopf. „Tut mir leid", sagt er, „echt. Ich weiß eigentlich nicht, warum ich dir das alles erzähle. Ich wollte dich wirklich nicht beunruhigen."

Meta schüttelt den Kopf. „Ich weiß nicht –"

„Ich glaube, ich wäre gerne kurz alleine", sagt sie, dann steht sie auf und stellt ihren Becher auf den Tisch.

„Ich wollte dich echt nicht beunruhigen."

„Ich –"

„Sorry."

17

Meta betrachtet im Spiegel über dem Waschbecken ihr Gesicht. Sie dreht das Wasser auf, lässt es laufen, bis es eiskalt aus der Leitung kommt, und wäscht sich die Hände mit Seife, bis die Kälte schmerzt und die Finger taub werden.

Es ist nicht fair, dass man sie in dieses Zimmer gesteckt hat. Mit diesem Säufer, diesem Schläger, nicht fair.

Sie nimmt ihr Handy. Am Display noch die Beach Boys, „Wouldn't it be nice". Sie wischt über das Display, um das Handy zu entsperren, aber ihre Finger sind noch feucht und der Song beginnt zu spielen. „Ach Scheiße." Sie hämmert mit dem Daumen auf die Pausetaste, drei-, viermal, bis die Musik endlich stoppt.

Sie äfft Moses nach. „Ich wollte dich nicht beunruhigen."

„Ja klar. Danke. Ist ja gut gelungen. Und ich gebe ihm noch Cognac. Und Beach Boys, la-di-da. Ganz großes Kino."

18

Als Meta aus dem Badezimmer kommt und durch den Familienbereich geht, ist Moses nirgends zu sehen.

Sie geht schnell weiter, fast läuft sie, um nicht in Gefahr zu kommen, doch noch auf Moses zu treffen, zu riskieren, dass er aus irgendeinem Zimmer kommt. Sie will ihn nicht sehen.

Vor Herrn T.s Zimmer bleibt sie stehen, legt die rechte Hand auf die Türklinke, drückt sie ein Stück nach unten, lässt wieder los. Sie hält die Tränen zurück. Nicht weinen, auf keinen Fall darf sie jetzt weinen.

Die Tasche. Sie legt beide Hände auf die Klinke, drückt sie mit einem Ruck nach unten. Ihr doch egal, ob er jetzt aufwacht, das ist dann Moses' Problem oder Pomps, aber ganz sicher nicht ihres.

Sie würdigt T. keines Blickes, aber sie hört, wie er sich bewegt, hört sein Schmatzen. Über dem säuerlichen Altmännergeruch und dem Urin glaubt sie, eine Cognacfahne zu riechen. Sie reißt die Tasche von der Lehne, so heftig, dass fast der Stuhl umgefallen wäre.

Im Gehen wirft sie nun doch einen Blick auf T., nur um sicherzugehen, dass er sie nicht aufhalten wird, dass er nicht auf irgendeine verrückte Weise aus seinem Bett gestiegen ist.

Sie sieht die beiden Cognacflaschen auf dem Nachttisch, sieht Herrn T., der seine Decke abgeworfen hat,
sieht seine dünnen, behaarten Beine, die Windel und
den Plastikschlauch des Harnkatheters. Meta schüttelt
es. Sie dreht sich um und geht aus dem Zimmer.

19

Meta geht den Gang hinunter, zur Familienecke, zur Türe in den Innenhof. Sie rüttelt an der Terrassentüre, schlägt mit der flachen Hand gegen die Glasscheibe.

„Na, na", sagt Frau Else. Sie stellt ihren Gehwagen umständlich neben der Couch ab und setzt sich. „Sie werden kein Glück haben, die Türe ist versperrt." Sie kramt in ihrer Tasche, holt ihre Plastikbox heraus. Mit der anderen Hand klopft sie auf den freien Platz neben sich. „Setzen Sie sich", sagt sie, „leisten Sie mir ein wenig Gesellschaft."

„Ich muss an die frische Luft."

Frau Else kaut eine Erdbeere. „Kalt sind sie am besten. Möchten Sie jetzt eine?" Sie hält Meta die Dose hin.

Meta schüttelt den Kopf.

Else schüttelt die Dose ein wenig.

„Nein danke, ich will wirklich nicht", sagt Meta. „Soll ich Ihnen wieder von den Scherben erzählen? Von Ihrem Hof?"

„Davor sind Sie mir aber noch eine Antwort schuldig." Frau Else hält die Dose wieder in zwei Händen. Das Gesicht hat sie dem Innenhof zugewandt. „Sie wollten gerade davonlaufen. Warum?"

„Woher wissen Sie –"

„Kind, Sie sind so gestresst, dass es den ganzen Raum ausfüllt. Also, warum?"

„Ich kann nicht zu ihm zurück."

„Zu T.? Warum?" Else steckt sich eine Erdbeere in den Mund.

Und dann erzählt Meta die Geschichte von dem Cognacfläschchen, Pomp, dem Handhalten mit Herrn T. und dem Gespräch mit Moses.

Frau Else schüttelt den Kopf. „Dumm, dumm."

„Was finden Sie dumm?"

„Dass der Pfleger so lange geschwiegen hat. Aber warum können Sie denn nicht zurück?"

„Ich kann doch nicht bei so einem Menschen im Zimmer sitzen und ihn auch noch versorgen. Ihm die Hand halten. Musik vorspielen."

„Warum nicht?"

„Was soll das heißen?"

„Was hindert Sie?"

„Ich kann doch nicht mit so jemandem Mitleid haben", sagt sie, „und ich kann auch nicht in seinem Zimmer sitzen und kein Mitleid haben."

„Warum können Sie das nicht?"

„Was?"

„Kein Mitleid haben."

Meta denkt nach. „Ich glaube, weil es mich dann noch wütender machen würde, wie erbärmlich er daliegt."

„Haben Sie schon darüber nachgedacht, dass ,erbärmlich' eigentlich ein schönes Wort ist?"

„Ich weiß nicht, was Sie damit sagen wollen." Meta steht auf und geht auf und ab.

„Kommt von Erbarmen."

„Finden Sie das schön? Ich finde es irgendwie ... überheblich. So von oben herab."

„Hm." Else steckt eine Erdbeere in den Mund und kaut. Die beiden Frauen sagen nichts, Else isst weiter ihr Obst. Das geht eine Zeitlang so, dann seufzt sie.

„Ich war immer schon gerne hier", sagt sie. „Damals am Tag, am liebsten zu Mittag, wenn die Sonne hoch am Himmel stand und den Hof erleuchtete. Aber das ist jetzt egal. Es geht nur noch darum, hier zu sein und sich zu erinnern, und ob es dann draußen dunkel ist, ist auch schon egal."

Sie steht auf. „Aber Sie wollten doch an die frische Luft?"

„Ja", sagt Meta, „und nein. Ich weiß überhaupt nicht mehr, was ich hier will."

20

Moses steht am Fenster von Pomps Ordination und zieht an seiner Zigarette. Hinter ihm öffnet sich die Türe. Er dreht sich um. „Hey, Doc", sagt er und hält Pomp die Packung hin. Pomp winkt ab. „Heute nicht. Warst du noch einmal bei Frau L.?"

Moses legt die Packung aufs Fensterbrett. „Jaja, der gehts gut."

Pomp legt den Kopf schief. „Du siehst fertig aus."

„Danke. Du solltest dich beeilen, falls du noch nach Hause willst." Moses lehnt sich mit den Ellenbogen auf das Fensterbrett. „Da hinten sind die Wolken schon recht schwarz."

Pomp stellt sich neben Moses ans Fenster. „Dann nehme ich erst recht noch eine Zigarette."

„Bedien dich."

Ein, zwei Minuten vergehen, dann räuspert sich Moses. „Ich habe es ihr gesagt."

Pomp sieht ihn an. „Wem hast du was gesagt?"

„Meta. Ich habe ihr von T. erzählt, von seiner Vergangenheit."

Pomp hält seine Zigarette. Die Glut nähert sich seinen Fingern, aber er beachtet sie nicht. „Ist nicht wahr. Und was genau hast du ihr erzählt?"

„Alles halt."

„Was soll das heißen: alles? Wir wissen ja kaum was, nur ein paar Gerüchte."

„Ach komm, das sind schon mehr als bloß Gerüchte."

„Aber wozu denn bitte? Wo ist sie jetzt?"

„Das weiß ich eben nicht. Sie ist weggelaufen."

„Du bist so ein Idiot. Wozu sollte denn das gut sein? Herrgott ..." Pomp dämpft die glimmende Zigarette aus und wirft den Stummel durch das gekippte Fenster nach draußen. „Wozu, Moses?"

„Ich weiß nicht ... Ich dachte, sie wüsste es schon. Außerdem hat sie auch ein Recht auf die Wahrheit, oder?"

„Aber wozu? Was ist denn jetzt besser geworden? Und welche Wahrheit überhaupt? Nicht jede Geschichte, Moses, ist es auch wert, erzählt zu werden." Er geht zur Türe.

„Wo gehst du hin?"

„Deine Meta suchen, wohin denn sonst?"

„Ich gehe mit."

„Du bleibst schön hier, ich mach das schon."

21

Der alte Pflegebereich ist dunkel, aber das macht Meta nichts mehr aus. Durch die offenen Zimmertüren fällt ausreichend Mondlicht auf den Gang, dass sie nicht stolpert. Fast hätte sie Pomp nicht bemerkt, der von hinten gelaufen kommt, das Handy als Taschenlampe in der Hand. Er bleibt neben ihr stehen, sie sieht ihn kurz an und geht weiter.

„Warte." Pomp ringt nach Atem. „Bitte."

Meta bleibt stehen. „Was?" Sie flüstert, aber in einem Ton, den Pomp versteht.

„Wegen Moses, vorhin, und Herrn T."

„Ja?"

„Ich wollte mit dir drüber reden. Sollen wir nicht zurückgehen, uns hinsetzen?"

„Ich stehe lieber."

„Was machst du überhaupt hier? Willst du gehen?" Meta sieht sich um, als wisse sie nicht, wo sie sich befindet. „Ehrlich gesagt ... keine Ahnung. Ich glaube schon. Oder nicht. Keine Ahnung."

„Was Moses gesagt hat, war nicht klug."

„Was genau war ‚nicht klug'?"

„Diese Geschichten über T., das sind alles nur Gerüchte", sagt Pomp. „Also nein, sorry, es sind nicht bloß Gerüchte, aber wir wissen halt auch nichts Sicheres. Willst du nicht drüben in der Familienecke reden."

Meta schüttelt den Kopf.

Pomp kommt einen Schritt auf sie zu, die Hände ein Stück ausgebreitet, die Handflächen nach oben. „Meta", sagt er, „es sind nur Geschichten."

„Nur Geschichten!"

„Manchmal ist es besser, wenn man die Geschichten nicht kennt, egal wie wahr sie sind oder nicht." Pomp setzt sich auf den staubigen Tisch. „Es kann schön sein, wenn die Lebensgeschichten es auch sind. Aber dann tut es mehr weh, wenn sie sterben. Wie bei Frau E., verstehst du?"

„Was hat das jetzt mit ihr zu tun?"

„Wenn man die Geschichten kennt, ist es immer schwerer, professionell zu bleiben."

„Ich habe keine Ahnung, was das heißen soll."

„Ich weiß nicht, wie ich es besser erklären könnte."

„Ich verstehe hier langsam gar nichts mehr. Ehrlich gesagt, glaube ich, dass ich für heute genug habe." Meta hält die Handtasche am Schulterriemen fest.

„Verstehe ich."

„Ja?"

„Ja. Vielleicht ist es besser, du nimmst dir den Rest der Nacht frei."

„Ich weiß gar nichts mehr. Habe aber keine Lust mehr, nachzudenken."

„Nimm dir frei."

„Ich habe das Gefühl, dass ich Moses im Stich lasse, wenn ich jetzt gehe. Und dass ich es einfach nicht geschafft habe."

Pomp steht auf und klopft sich den Staub von seinen Shorts. „Moses macht das schon, mach dir um den keine Sorgen. Und für dich wird es noch viele Nächte geben. Ruh dich aus."

„Danke."

„Soll ich dich runter in die Stadt bringen? Kommt gleich ein Gewitter."

„Nein danke, ich gehe lieber zu Fuß."

„Sicher?"

„Sicher. Gute Nacht." Meta winkt, dreht sich um und geht Richtung Ausgang, ohne sich noch einmal umzusehen.

22

Immer, wenn ein Sturm beginnt, gehen im Heim die Lichter an. Über fast jedem Zimmer leuchtet jetzt ein grünes Licht und ein Piepsen kommt aus dem Lautsprecher, das bedeutet, dass jemand den Knopf gedrückt hat. Einige Bewohner kann er auch rufen hören, aus einem Zimmer hört er lautes Weinen und am Gang schreit eine Frauenstimme nach der Schwester.

Der Sturm und der Donner machen den Bewohnern Angst, es wären Fenster zu schließen, ein paar beruhigende Worte zu sprechen, Schlaftabletten zu holen, aber Moses kann nicht, er sitzt bei Herrn T.

Herr T. kann es nicht lassen. Er schreit, als wäre der Teufel hinter ihm her, als habe sich alles gegen ihn verschworen, als wäre nicht Moses seit einer Viertelstunde mit ihm im Zimmer.

Moses, der es aufgegeben hat, ihm nur die Hand zu halten, sitzt halb im Bett und hält ihn im Arm, wippt mit Herrn T. hin und her. Ein Speichelfaden rinnt aus T.s Mund und auf Moses' Schulter.

Draußen piepst der Schwesternruf und an der kleinen Schalttafel am Zimmereingang leuchten vier neue Lichter auf.

Die Bäume vor dem Heim biegen sich im Wind, was Moses nicht sehen kann, aber als T. Luft holt und eine Pause macht, da hört Moses es, das Knacken und Splittern, dann den Knall, als eine der alten Fichten an der Zufahrtsstraße umknickt und quer auf die Straße fällt.

23

Den umstürzenden Baum hat Meta nicht mehr bemerkt, zu weit ist sie schon den Hügel hinunter. Der Regen hat sie überrascht, was ihr nichts ausgemacht hat, nur der Wald und die schwankenden Bäume machen ihr Sorge. Sie fürchtet sich nicht vor dem Gewitter, einem fehlgeleiteten Blitz, eher vor den Fichten.

Erbarmen, denkt sie, was will Frau Else mit Erbarmen? Und trotzdem denkt sie bei den schwankenden Bäumen an T., wie er im Bett liegt, mit den Beinen, die ihn nicht mehr tragen, bis zum Bauch angezogen und zu nichts mehr fähig außer einem Schrei.

Unten in der Stadt heulen die Feuerwehrsirenen an mehreren Stellen, und ihr Heulen ist etwas versetzt, als seien sie nur zufällig fast gleichzeitig losgegangen.

24

Zum Glück, denkt Pomp, ist er noch rechtzeitig nach Hause gekommen, sonst hätte ihn das Gewitter erwischt. Er steht, ein Glas Wasser in der Hand, auf der Terrasse und sieht dem Regen zu, wie sich der Himmel verfinstert und mit einem Mal das Gewitter beginnt. Es stürmt und schüttet und der Wind bläst immer wieder feinen Wasserstaub zu Pomp auf die Terrasse.

Pomp pfeift einen Popsong, dessen Titel er nicht kennt, den er vielleicht im Heim gehört hat, vielleicht in seiner Jugend, wer weiß das schon, aber der Regen ist ohnehin so laut, dass man die Melodie nicht einmal, wenn man direkt neben ihm stünde, hören könnte. Man sähe nur Pomp in Unterhosen, das Weinglas, die zum Pfeifen gespitzten Lippen, seine geschlossenen Augen.

Die vierte Nacht

Was man aushalten kann.
Eistee und Herzaktionen.

1

Moses wäscht sich nach dem Umziehen das Gesicht. In der Garderobe stinkt es nach alten Schuhen, obwohl Moses' Spind der einzige ist, der noch besetzt ist.

Er trocknet sich mit Papierhandtüchern ab und spuckt Papierfetzchen ins Waschbecken. Er reibt sich die Augen, hält die Hände noch einmal unter das eiskalte Wasser und benetzt sich die Haare. Einige Wassertropfen laufen seinen Hinterkopf hinunter bis ins Genick, als er sich aufrichtet.

2

Pomp hat es sich auf der Liege in der Ordination bequem gemacht. Die beiden alten Damen, die heute für ihre Schmerzinfusionen und Rezepte gekommen sind, sind längst weg.

Die werden auch niemanden mehr haben, denkt Pomp, wenn das Heim erst geschlossen ist. Vielleicht wird er eine neue Praxis eröffnen, irgendwo unten in der Stadt, und dort weitermachen, solange es ihn noch freut. Er drückt den Knopf auf der Fernbedienung und schaltet den Fernseher an. Jedenfalls würde er Satellitenfernsehen haben, nicht nur die beiden Sender hier oben.

Pomp ist müde. Vielleicht wird er auch keine Praxis eröffnen, sondern einfach gar nichts mehr tun, die letzten anderthalb Jahre bis zur Pension.

Heute wird er zu Hause schlafen, endlich wieder in seinem Bett, durchschlafen und sich keine Gedanken über die Menschen hier machen.

Als sich plötzlich die Türe öffnet und Moses vor ihm steht, die Zigarettenpackung schon in der Hand, wäre Pomp vor Schreck beinahe von der Liege gefallen.

„Sorry, wusste nicht, dass du noch hier bist." Er wartet keine Antwort ab, geht an Pomp vorbei und öffnet das Fenster. „Zigarette?"

Pomp erhebt sich mit einem Ächzen von der Liege und streckt sich. „Gern."

Moses mustert Pomp von oben bis unten. „Gut siehst du aus", sagt er.

„Du mich auch. Kaffee? Ich habe noch eine Kanne hier. Ist halt bloß Filterkaffee. Weiß nicht, ob dein sensibler Gaumen das aushält." Er schenkt sich nach.

„Ich muss mal ernsthaft mit dir reden", sagt Moses.

Pomp sagt: „So schlimm ist der Kaffee auch wieder nicht."

„Nicht der Kaffee. Die Sache mit Meta gestern. Darüber wollte ich reden, you know?"

„Und?", fragt Pomp.

Moses lehnt an der Fensterbank und mustert die Diplome an der Wand, die hinter halbblinden Glasscheiben verstauben. „Ich fühle mich schlecht", sagt er, „obwohl ich nichts dafürkann. Oder?"

„Für was?"

„Dass man ihr nichts gesagt hat, also vorher, bevor sie angefangen hat."

„Wäre besser gewesen, es wäre so geblieben", sagt Pomp und nimmt einen Schluck von dem kalten Kaffee. Er verzieht das Gesicht.

„Findest du?"

Pomp nimmt noch einen Schluck und stellt die Tasse ab. „Weißt du, was euch alle kaputt macht hier drin?"

„Jetzt bin ich gespannt."

„Es sind die Geschichten der Leute. Was bringt es denn, wenn man zu viel über sie weiß? Was bringt es, die ganze traurige Geschichte von T. zu kennen, jetzt, wo er so krank ist, dass er sie wahrscheinlich selbst nicht mehr kennt? Macht das irgendwas leichter?"

„Na ja", sagt Moses, „ich finde, man sollte seine Bewohner halt kennen."

„Wozu?"

„Ich glaube, es hilft mir, sie als Menschen zu sehen. Denk mal an Frau E. und die anderen Bewohner von früher. Das war doch gut, oder?"

„Stimmt auch wieder. Andererseits ist es bei einem Typen wie T. halt auch nicht so hilfreich, zu viel zu wissen."

„Und auch wenn, professionell pflegen muss ich ihn ja ohnehin. Bringt ja auch nichts, ihn jetzt irgendwie moralisch zu beurteilen. Weißt du, was ich meine? Wenn wir hier nur die richtig guten Menschen pflegen würden, was dann?"

„Hast ja recht. Aber hast du Mitleid mit ihm?" Pomp nimmt noch einen Schluck. „Ganz ehrlich jetzt, hast du Mitleid? Ich nicht."

Moses setzt sich in den zweiten Polstersessel. „Pomp, hast du überhaupt noch mit irgendjemandem Mitleid?"

„Jetzt weichst du aus."

„Du auch."

Die beiden schweigen eine Zeitlang, Pomp trinkt den letzten Schluck Kaffee und Moses blickt auf seine Schuhspitzen.

Pomp schnalzt mit der Zunge. „Fragst du dich bei einem Typen wie T. nicht, ist das nützlich? Zahlt sich der Aufwand für ihn überhaupt aus?"

„Welcher Aufwand?"

„Für T. organisiert man extra eine Sitzwache und auf der anderen Seite – auf der buchstäblich anderen Seite – reißt man das Heim nieder, damit man es verkaufen kann."

„Ich glaube schon", sagt Moses, „dass man Herrn T. ordentlich versorgen sollte, egal, was er gemacht hat."

Moses dämpft seine Zigarette aus und geht zur Türe, bleibt davor stehen und sagt: „Was machen wir jetzt, wenn Meta nicht mehr kommt?"

„Die interessantere Frage ist", sagt er, „was du machst, falls sie wiederkommt."

3

Der Stationsstützpunkt ist dunkel, und obwohl es draußen noch hell ist, brennt Licht. Angelika arbeitet an den Medikamenten.

„Guten Abend." Moses legt ihr von hinten die Hand auf die Schulter.

„Abend", sagt Angelika.

„Hab ich dich erschreckt?"

Angelika schüttelt den Kopf.

Moses setzt sich in den Sessel beim Computer. „Wie war der Tag?"

„Geht ihm schlechter."

„Herrn T.?"

„Er hat den ganzen Tag geschlafen."

„Oh-oh. Hoffentlich ist er nicht in der Nacht aktiv."

„Glaube ich nicht. Er wird immer schwächer."

Moses nickt.

Angelika sagt: „Kommt deine Sitzwache heute wieder?"

„Hoffentlich", sagt Moses. „Ich habe ihr gestern alles erzählt, die ganze Geschichte."

Angelika drückt zwei rote Tabletten aus einem Blister. „Welche Geschichte?"

„Du weißt schon. Die Sache mit seiner Frau."

Angelika legt die Schachtel zur Seite. „Das wusste sie vorher nicht?"

„Nein."

„Die hätten es ihr sagen sollen."

„Wer?"

„Die Personalabteilung."

„Findest du?"

„Oder eben wir."

„Ich habe dich nie gefragt ..." Er macht eine kurze Pause. „Wie geht es dir eigentlich damit?"

„Womit?"

„Mit seiner Vergangenheit."

„Wie soll es mir da gehen?"

„Na ja."

Angelika legt die Tablettenschachteln weg. „Ich pflege ihn", sagt sie, „das ist genug. Muss mich nicht auch noch um seine Lebensgeschichte kümmern. Und das solltest du auch nicht, sonst grübelst du die ganze Nacht."

„Du hörst dich schon an wie Pomp."

„Nicht frech werden. Und jetzt geh in die Küche, ich habe dir einen Eistee gemacht."

4

Meta sitzt auf der Bank an der Haltestelle und blickt zum Heim hinauf. Bestimmt eine halbe Stunde sitzt sie schon da, obwohl ihr Dienst gerade begonnen hätte.

Zweimal ist sie schon aufgestanden, ein paar Schritte gegangen, hat umgedreht und sich wieder gesetzt.

Den ganzen Tag über hat sie überlegt, einfach wieder zu arbeiten, vielleicht im Homeoffice, ihre Akten zu bearbeiten, ihre Leasingrückläufer abzuwickeln, so zu tun, als sei nichts gewesen. Einfach dem Chef sagen, dass die Auszeit beendet sei, sie wieder da, dass die Zeit im Heim unheimlich lehrreich gewesen sei und so weiter, dann wäre alles wieder gut.

Zwei Busse hat sie fahren lassen, ohne einzusteigen. Sie schüttelt den Kopf. Sie spielt mit dem Handy, sperrt es, entsperrt es, dann klickt sie auf die Musik-App. Die Beach Boys lachen ihr entgegen. Sie wischt sie weg, zögert kurz, löscht die Playlist. Keine Musik mehr für T., keine Musik, kein Cognac.

Der Weg von der Bushaltestelle zum Heim ist mit kleinen Ästen und Fichtennadeln übersät. Es ist heiß, mehr als 30 Grad, auch jetzt am Abend, und schwül, als habe es das nächtliche Gewitter nie gegeben.

Die umgestürzte Fichte hat man in die Wiese vor dem Haupteingang gezogen. Der Geruch von Harz liegt in der Luft. Auf dem Mitarbeiterparkplatz stehen noch drei Autos in der prallen Sonne, ein alter

Mercedes und zwei Kleinwagen. Meta liest die Kennzeichen, geistesabwesend, geht ein paar Schritte auf der kleinen Fläche Schatten hin und her, vier Schritte in eine Richtung, vier Schritte zurück.

Unter ihren Achseln haben sich dunkle Flecken gebildet.

5

Der Staub, der im leeren Pflegebereich in der Luft und auf allen Oberflächen liegt, taucht bei tiefstehender Sonne die Station in ein milchiges Licht. Meta geht durch die weichgezeichnete Station. „Junge Frau", denkt sie, „junge Frau, das musst du jetzt schaffen." Sie steckt den Daumen unter den Trageriemen ihrer Tasche, um ihre Schulter zu entlasten, und atmet noch einmal tief durch.

Am anderen Endes des Gangs verlässt Angelika den Wohnbereich, und auch sie bleibt kurz in dem weichen Licht stehen, auch sie schließt die Augen, und für eine Weile stehen beide Frauen, ohne einander sehen zu können, an verschiedenen Enden des Pflegebereichs und genießen das Licht, bevor sie weitergehen, aneinander vorbei, und sich dann umdrehen, um der anderen nachzusehen. Angelika lächelt und winkt kurz, geht dann weiter und verschwindet aus Metas Blickfeld.

Die Schiebetüre öffnet sich, sehr langsam, als lasse sie sich Zeit, um Meta Gelegenheit zu geben, nachzudenken, als wolle sie ihr noch eine Pause schenken, bevor die Nacht beginnt.

6

Pomp hat in dem alten Kasten ganz hinten in der Ordination noch eine alte Flasche Prosecco gefunden, eine Patientin hat sie irgendwann gebracht. Der Prosecco ist warm, aber das macht Pomp nichts aus. Er hebt die Flasche. „Prost", sagt er zu dem Nachrichtensprecher, „prost, du Arschloch."

7

Meta hat sich in den Polstersessel sinken lassen und schaut im Raum umher.

Moses kommt den Gang hinunter, den Pflegewagen schiebt er vor sich her.

„Hallo", sagt er.

„Hallo", sagt Meta.

„Danke", sagt Moses.

„Für was?"

„Dass du wieder da bist. Darf ich mich zu dir setzen?"

Meta nickt und Moses setzt sich in den zweiten Sessel.

Meta sagt: „Du siehst müde aus. War es noch schlimm gestern?"

„War schon okay. Aber ganz ehrlich? Ich freue mich, dass du wieder da bist. Mit dir ist es echt leichter hier."

„Danke."

Die beiden schweigen eine Zeitlang. Meta nimmt die Handtasche vom Boden auf und holt die Cognac-flasche hervor. „Ich wusste nicht", sagt sie, „was ich damit tun soll."

Sie stellt die Flasche auf das Tischchen zwischen sich und Moses.

Moses kratzt sich am Hinterkopf. „Was wirst du machen?"

„Sag du es mir."

Die beiden schweigen eine Zeitlang, bis Meta wieder beginnt: „Ich weiß auch nicht. Ich habe schon überlegt, ob ich einfach zu Hause bleibe, aber irgendwie hätte ich das Gefühl, dich im Stich zu lassen, wenn ich nicht mehr komme. Ist das doof?"

„Überhaupt nicht."

„Ich habe ja Mitleid mit ihm, weißt du? Wenn er so daliegt, alleine ist und so, aber es ist echt schwer, jetzt, wo ich es weiß, also, was er getan hat. Keine Ahnung, wie das gehen soll."

„Wir wissen ja nichts sicher. Sind vielleicht auch nur Gerüchte."

„Glaubst du, was du da sagst?"

„Nicht wirklich."

„Wie machst du es eigentlich? Wie kommst du mit Leuten wie ihm zurecht? Wie hast du da Mitleid?"

„Ich versuche, jeden Bewohner gleich zu behandeln. Aber Mitleid? Ich bin nicht sicher, ob Mitleid alleine recht weit trägt, weißt du?"

„Wie meinst du das?"

„Ich versuche einfach, zu sehen, was jetzt gerade gebraucht wird, und einen gewissen Respekt zu haben vor dem, wie ein Bewohner in dem Moment jetzt ist, nicht mehr. Macht das Sinn?"

„Ich glaube schon. Vielleicht."

Moses schlägt sich mit den flachen Händen auf die Oberschenkel und steht auf. „Aber genug philosophiert, es gibt Arbeit. Are you ready?"

8

Man hört es bereits am Gang, aber nur leise und nur in der Nähe der Türe. Herr T. wimmert.

Moses steht schon am Bett. Meta klopft an den Türrahmen. Herr T. scheint sie nicht zur Kenntnis zu nehmen, klammert sich mit beiden Händen am Seitengitter des Betts fest und wimmert weiter. Seine Augen sind offen, aber er sieht Moses nicht an, auch nicht Meta, sondern hat den Blick auf den Kasten gerichtet.

Meta geht einige Schritte ins Zimmer. Moses streicht T. über die Stirn.

Meta geht zum Sessel, stellt ihn ein Stück zurück, so weit weg vom Bett wie möglich, bis die Lehne den Tisch beim Fenster berührt. Sie setzt sich und rückt ans hintere Ende der Sitzfläche.

Moses drückt Herrn T. an der Schulter und sagt: „Die Kollegin ist auch da, Herr T., sie ist hier, bei Ihnen." Herr T. wimmert.

Meta hält sich an der Sitzfläche fest. „Bleibst du noch ein bisschen?"

Moses sieht auf seine Plastiktaschenuhr und drückt T.s Hand. „Ein paar Minuten noch." Moses hält ihm die Hand, zwei, drei Minuten, bis T. sich beruhigt hat und die Augen schließt, dann zieht Moses die Hand langsam weg.

„Falls du mich brauchst." Moses nimmt das Schwesternrufgerät und wedelt damit durch die Luft. „Alles klar?"

9

T. zuckt im Schlaf. Meta starrt ihn an, zuckt selbst zusammen. Kein Fluchtweg. Sie hat keinen Fluchtweg, das Bett steht zwischen ihr und der Türe. Was, wenn er doch aufstehen könnte? Sie rückt auf dem Sessel hin und her, will ihn noch ein Stück weiter nach hinten rücken.

Der Tisch knarrt und Meta erschrickt. Nicht aufwachen.

„Kein Grund, sich so aufzuregen." Frau Else stellt ihre Gehhilfe ab und hält sich am Tisch fest. „Der geht nirgendwo mehr hin."

„Trotzdem."

„Kind, entspannen Sie sich. Ist bloß ein armer alter Mann. Erbarmen, ja?"

„Bleiben Sie mir damit vom Leib."

„Er wirkt ja recht entspannt, im Gegensatz zu Ihnen."

„Mir ist heiß."

„Sie regen sich zu viel auf."

„Ich sollte den Sessel dort rüber stellen, zur Türe. Dann wäre der Weg frei."

„Dort ist doch kein Platz."

„Das geht sich schon aus." Meta steht auf.

„Fürchten Sie sich?"

„Nein, ich will nur beim Ausgang sitzen."

„Wie Sie meinen."

Meta hebt den Sessel hoch, hebt ihn über den Kopf, ohne dabei Herrn T. aus den Augen zu lassen.

„Der Gang ist gerade mal so breit wie Ihr Sessel. Das geht sich nicht aus."

Meta stellt den Sessel wieder ab. „Ich kann hier nicht bleiben."

„Setzen Sie sich doch, atmen Sie durch. Sehen Sie ihn an, Kind, der tut Ihnen nichts, der braucht Sie."

„Ich kann nicht."

10

Moses hat Frau L. wieder vom Leibstuhl ins Bett gehoben. Er zieht leicht an ihrem Ohr und führt den Fiebermesser in den Gehörgang ein. Das Gerät piepst. Er wirft einen Blick auf das Display: 37.3°.

„Sie werden wieder gesund", sagt er und lächelt, aber Frau L. ist eingeschlafen.

Moses deckt sie mit einem Leintuch zu und fächelt ihr ein wenig Luft zu, dann füllt er am Waschbecken einen Schnabelbecher mit frischem Wasser und stellt ihn auf den Nachttisch.

11

Moses kommt aus Frau L.s Zimmer und hört hinter sich eine Türe ins Schloss fallen. Er dreht sich um.

Meta steht am Gang und schüttelt den Kopf. „Nicht jetzt", sagt sie. „Nicht jetzt." Aus T.s Zimmer hört man spitze Schreie.

„Im Zimmer gehts nicht, hm?"

Meta schüttelt den Kopf. „Ich weiß, dass ich das können sollte, aber da drin mit ihm allein ..."

Moses legt ihr die Hand auf die Schulter. „Komm", sagt er, „ich habe da eine Idee."

„Trink erstmal einen Schluck." Moses füllt an der Saftbar ein Glas mit Apfelsaft und reicht es Meta.

„Wir könnten ihn rausschieben", sagt er.

„Rausschieben?"

„Wir nehmen das Bett, schieben es hierher, in den Familienbereich. Dann bist du nicht allein mit ihm, wenn ich vorbeikomme, schaue ich immer herein."

„Und das dürfen wir?"

„Was?"

„Bewohner*innen auf den Gang rausstellen?"

„Warum nicht? Ist ja nicht der Gang, sondern die Familienecke. Außerdem wird es ihm und dir helfen."

„Dann versuchen wir es."

Meta beobachtet Moses, wie er den Gang hinunter zu Zimmer 9 geht, wie er verschwindet, dann nimmt sie einen Schluck Apfelsaft. Ihr Mund ist trocken. Sie schiebt die zweite Couch ein wenig zur Seite, um Platz für T.s Bett zu machen.

Wenig später kommt Moses mit dem Bett. Meta kann Herrn T. schnarchen hören. Sie hilft Moses, das Bett einzuparken. Herr T. bekommt von alledem nichts mit, er bewegt sich nicht und schläft einfach weiter.

„Gut so." Moses fixiert die Bremsen. „Jetzt kannst du ein bisschen auf Abstand gehen, und", er wirft einen langen Blick auf Herrn T., „ihm ist es sichtlich egal, wo sein Bett steht."

Er nimmt das orange Stromkabel und steckt es in eine der Dosen an der Wand. „So, jetzt kannst du ihm auch den Oberkörper etwas höher stellen, wenn du willst."

„Danke, aber ich glaube, es passt."

„Hör mal", sagt Moses, „ich muss weiter, aber ruf mich, wenn du mich brauchst."

„Mit dem Schwesternruf?"

„Nein, der funktioniert hier draußen nicht. Aber du kannst in sein Zimmer gehen oder in das von Frau E. und dort drücken."

„In Elses Zimmer?"

„Keine Angst, sie ist nicht mehr drin."

12

Seit einer Stunde kommt Meta nicht zur Ruhe. Sie ist eine Zeitlang sitzen geblieben, aufgestanden, herumgewandert, hat sich wieder hingesetzt, während Herr T. ruhig geschlafen hat. Seit mindestens einer halben Stunde hat er sich nicht einmal bewegt, auch die Hände sind ruhig. Am Hals, zwischen den Schlüsselbeinen, wo der Brustkorb beginnt, kann man seinen Puls sehen. Er geht unregelmäßig und schnell, mit unterschiedlich starken Schlägen, die einander abwechseln. Meta zählt mit.

Neunundsechzig Schläge pro fünfzig Sekunden, das macht ungefähr vierzehn Schläge pro zehn Sekunden, das macht etwas mehr als achtzig Schläge pro Minute.

Herr T. hüstelt, zieht Rotz auf und ist wieder still. Musik wäre jetzt schön, denkt Meta, Musik, frische Luft und ein Lehnstuhl draußen. Sie geht zur Terrassentüre und blickt in den Hof. Sie versucht den Türknauf zu drehen. Bewegt sich nicht. Wenn sie jetzt rauskönnte, wäre alles besser. Hinter ihr beginnt Herr T. zu wimmern.

Meta dreht sich um. T. hat die Augen geschlossen, er wimmert und stöhnt, öffnet den Mund, leckt sich die Lippen.

Meta starrt die Sprühfläschchen an, die Moses auf den Couchtisch gestellt hat. „Die hätten Sie jetzt gerne", flüstert sie und denkt, er hat es nicht verdient, dass sie sich um ihn kümmert, er hat es nicht verdient, er hat es verdient, jeder hat es verdient, niemand sollte einen trockenen Mund haben, aber er hat es nicht verdient. Sie geht auf und ab, vor dem Fußende des Betts, geht zum Couchtisch, nimmt eines der Fläschchen in die Hand, sprüht in die Luft, riecht. Es ist nur Wasser.

Sie geht zwei Schritte auf T.s Bett zu. Es ist nur Wasser, nur Wasser, nur Wasser. Er hat es verdient, jeder hat es verdient. Sie beugt sich zu ihm, zögert. Ihre Hand zittert. „Öffnen Sie den Mund", sagt sie. T. wimmert. Meta sprüht ihm die Lippen ein, er öffnet den Mund. Sie sprüht schnell, vier-, fünfmal, er stöhnt, entspannt sich. Metas Herz schlägt bis zum Hals.

Das Wimmern wird leiser, Herr T. lässt das Bettgestell los und dreht sich auf den Rücken.

Er streckt die Hand nach ihr aus, ohne den Kopf zu drehen. Mit der zweiten Hand nestelt er an der Bettdecke.

„Ich kann nicht", flüstert sie, so leise, dass Herr T. es wahrscheinlich nicht hören kann, „ich kann nicht."

13

Fünf Minuten. Seit fünf Minuten hat niemand seine Aufmerksamkeit benötigt. Moses steht in der Küche und zerschlägt Eiswürfel, die er in ein Geschirrtuch gewickelt hat, mit einem Hammer. Auf einem der Küchenkästen steht der Eiscrusher. Er ist seit Jahren kaputt.

Er füllt Früchtetee in zwei große Gläser, gibt die Eisbröckchen dazu, dann steckt er je einen Plastikstrohhalm hinein und geht zum Familienbereich.

„Hey", sagt er, als er näher kommt. „Hey", sagt Meta. Er hält ihr ein Glas hin. „Eistee", sagt er, „ohne Koffein."

„Oh."

Meta nimmt das Glas, zieht an ihrem Strohhalm. „Danke", sagt sie, „das tut jetzt echt gut."

„Wie geht es dir?"

„Es geht." Sie wirft einen Blick zur Seite.

Moses sieht Herrn T. an. „Vielleicht", sagt er, „schieben wir ihn morgen wieder raus? Scheint ja besser zu sein hier."

„Ich mag deinen Pragmatismus."

„Ohne dich wäre es noch viel beschissener hier."

„Machst du immer um Mitternacht Pause?"

„Ja, aber normalerweise alleine. Und mit Kaffee."

„Jede Nacht?"

„Immer, wenn ich es schaffe. Also, wenn mich die Bewohner in Ruhe lassen."

„Und heute Tee, wegen mir?"

Moses blickt zur Terrassentüre. „Wirklich schade, dass wir nicht mehr rauskönnen."

„Ja, schade."

„Wir hatten früher Terrassenmöbel da draußen, sogar einen Griller."

Moses hebt sein Glas. „Prost", sagt er, „auf einen ruhigen Nachtdienst."

„Bringt es nicht Unglück?"

„Was meinst du?"

„Einen ruhigen Dienst zu wünschen."

„Das Unglück ist schon groß genug, da macht das auch nichts mehr aus."

„Woher kommt es eigentlich, das Unglück? Also, dass alle kündigen und so?"

„Es passt einfach nichts mehr."

„Das Geld?"

„Auch das. Es wird halt einfach alles dichter, schlechter. Und ich kann nicht zweiundfünfzig Bewohnern gerecht werden, wenn ich alleine bin, jedenfalls nicht so, wie ich das will. Und vom Dienstplan, der sich alle zwei Tage ändert, fang ich erst gar nicht an."

Meta nimmt einen Schluck. „Und es ist schon auch belastend. Also, die Arbeit an sich. Wie machst du es eigentlich mit Leuten wie T.?"

„Was?"

„Mitleid mit ihm haben?"

„Ich habe mich eigentlich noch nie gefragt, ob ich Mitleid mit ihm habe."

„Gar nicht?"

„Er tut mir schon leid", sagt Moses, „weil er krank ist. Aber schlechte Menschen werden halt auch krank. Ich mache einfach, was er braucht, jetzt gerade, in diesem Dienst oder an diesem Tag. That's it."

„Ich könnte das nicht. Nicht so wie du."

Sie schweigen eine Zeitlang, dann sagt Moses: „Sollen wir uns kurz die Füße vertreten? Bisschen den Gang rauf und runtergehen?"

„Gerne."

14

Wendelin Pomp ist speiübel. Kurz hat er überlegt, einfach in der Ordination ins Waschbecken zu kotzen, hat sich dann aber auf den Weg zum Pflegebereich gemacht.

Er steht am Stützpunkt, eine Tablette gegen Übelkeit in der Hand, und sieht auf die Uhr. Kurz nach halb eins. Er legt die Tablette auf die Zunge, wo sie sofort zergeht. Den Geschmack ignoriert er. Die Tablette wird schnell helfen, und dann kann er sich auf den Weg zum Auto machen. Er geht zum Familienbereich, will zur Saftbar, ein Glas trinken, den Geschmack der Tablette wegspülen.

Fast hätte er sich den Fuß an T.s Bett gestoßen, so geistesabwesend ist er, weil er nachdenkt, über Moses, das Gespräch, die Geschichte. „Na hallo", sagt Pomp. Herr T. schläft und reagiert nicht. „Ich muss hier mal vorbei", sagt Pomp, löst die Bremsen des Betts, schiebt es ein Stück nach rechts und geht daran vorbei zur Saftbar.

Er schenkt sich ein Glas Wasser mit ganz wenig Apfelsaft ein, für den Geschmack. „Haben sie dich rausgestellt", sagt er, „soso." Er dreht sich zu T. um und nimmt einen Schluck Saft, dann geht er zur Couch und setzt sich. „Prost", sagt er.

„Weißt du", sagt Pomp, „es ist mir egal, wer du warst. Bevor dein Gehirn aufgehört hat zu funktionieren. Falls es jemals funktioniert hat, meine ich."

Er lehnt sich zurück. „Aber es würde halt allen anderen leichter fallen, wenn du ein guter Mensch gewesen wärst."

„,Was will man machen', sagst du? Ja klar. Ich kann auch nichts machen."

Pomp räuspert sich. „Wäre es nicht schöner", sagt er, „sie hätte sich einfach vorgestellt, du seist ein Netter gewesen. Ein netter Vater, Opa, Ehemann und so weiter? Ich meine, wen interessiert deine echte Geschichte denn noch? Kann man nicht ändern, ist auch egal. Aber du hörst mir ohnehin nicht zu, oder?"

15

„Hey Pomp", sagt Moses, der gerade mit Meta zurück-kommt. „Mit wem sprichst du denn?"

Pomp zuckt zusammen. „Mit niemandem", sagt er. Er versucht aufzustehen, sein Saftglas in der Hand, aber er schwankt und fällt wieder zurück auf die Couch, schüttet sich mit Apfelsaft an. „Jetzt schau mal", sagt er, „was du angerichtet hast."

Meta steht zwei Schritte hinter Moses und blickt zu Boden. Pomp stellt sein Glas auf dem Tisch ab, ein wenig zu fest, und steht langsam auf. „Ich habe mich", sagt er zu Moses, „mit meinem schlafenden Freund hier unterhalten."

„Du bist betrunken."

„Kann sein", sagt Pomp. „Hast du eine Zigarette? Ich möchte eine rauchen."

Moses holt seine Packung aus der Hosentasche. „Klar", sagt er, „du kriegst sie, draußen."

„Warum nicht gleich?"

„Ach, Pomp, weil du sie hier anzünden wirst, und dann geht der Feueralarm los, und ich habe die Scherereien." Er legt Pomp den Arm um die Schultern. „Komm", sagt er, „ich bring dich raus."

Meta geht einen Schritt zur Seite. „Gute Nacht", sagt sie, als Moses und Pomp an ihr vorbeigehen.

Pomp dreht sich zu ihr um. „Du kannst dir alles vorstellen", sagt er, „alles."

„Wie meinst du das?"

„Stell dir vor, dass er dort", und er zeigt auf Herrn T., „ein netter Opa war. Macht doch alles einfacher. Oder stell dir vor, dass er gar nichts war, gar keine Vergangenheit, nichts. Die Geschichten machen dich kaputt."

Moses schiebt ihn weiter. „Und jetzt", sagt er, „geht Wendelin nach Hause."

16

Moses und Pomp gehen schweigend durch den alten Pflegebereich. „Schon seltsam, oder?", sagt Pomp.

„Was denn?" Die alte Station macht Moses immer nervös. Er hat die Hände in den Hosentaschen und spielt mit der Zigarettenpackung.

„Wann waren wir zwei Hübschen denn zum letzten Mal gemeinsam hier?"

„Hier?"

„Na auf der alten Station. Schon scheiße, dass sie die zugesperrt haben, hm?"

„Jaja."

„Kannst du dich erinnern? Die Partys am Abend, draußen im Hof?"

„Oh ja."

Pomp sagt: „Kann man nichts machen." Er läuft ein Stück vor, erstaunlich sicher, schwankt kaum mehr. „Aber jetzt komm, die Zigarette ruft."

Moses läuft ihm nach und es fällt ihm nicht leicht, Pomp einzuholen. Sie laufen durch die alte Station, Pomp vorneweg, bis in die Eingangshalle.

Pomp atmet schwer, die Hände auf die Oberschenkel gestützt. „Erster", sagt er. „Der Siegerpreis ist eine Zigarette."

Moses hält ihm die Packung hin.

Pomp nimmt eine. „Du rauchst nicht?"

„Jetzt gerade nicht."

Pomp kramt in seiner Hosentasche und holt ein Feuerzeug heraus, zündet sich die Zigarette an.

„Der Rauchmelder wird losgehen."

„Ach was, doch nicht hier in der Halle. Aber ich geh schon, ich geh gleich."

„Nur eines", sagt er, „es ist wirklich wichtig."

„Du bist betrunken."

„Kann sein. Kann sein."

„Dann sprich."

„Du hättest", sagt Pomp, „du hättest es ihr nicht erzählen sollen."

„Aha?"

„Ja. Es geht um die Geschichte. Erinnerst du dich an Frau E.?"

„Klar."

„Warum sie mich so gekriegt hat, das war ihre Geschichte."

„Ich weiß nicht, worauf du hinauswillst."

„Ich habe sie gekannt, Moses. Und weil ich sie gekannt habe, von früher gekannt habe, weil ich wusste, wer sie war und wie sie war, hat sie mich gekriegt. Du hast sie ja auch besser gekannt. Erinnerst du dich, was wir vor drei Tagen geredet haben? Die letzte gute Patientin."

„Klar."

„Dann weißt du es ja. Und deshalb", er macht eine Pause, holt tief Luft, gestikuliert mit der Zigarette, die ihm dabei fast hinunterfällt, was er nicht einmal registriert, „deshalb hättest du Meta nichts über T. erzählen dürfen. Ohne Geschichte", sagt Pomp, „wäre er nur irgendein Alter für sie gewesen, schockierend vielleicht, als Anfängerin, du weißt schon, erster Pflegefall, der ganze Scheiß, aber eben nur das."

„Und du meinst, dann wäre es leichter?"

„Ja." Pomp strahlt.

„Hm. Es geht ihr übrigens ganz gut damit, glaube ich. So, wie es jetzt ist."

„Trotzdem, trotzdem. Die Geschichten, Moses, es sind die Geschichten. Wir sollten weniger Geschichten kennen, dann wäre alles leichter."

„Finde ich nicht. Und du auch nicht, zumindest nicht bis vor drei Tagen."

„Nein, nein. Wenn wir niemanden kennen, können wir sie einfach behandeln oder pflegen, und dann gehen wir heim und alles ist wunderbar. Viel besser so."

„Das war dein Stichwort. Du gehst jetzt nach Hause."

Pomp schüttelt energisch den Kopf und gestikuliert mit der Zigarette. „Verstehst du nicht? Für uns ist es zu spät. Wir haben schon so viele traurige Geschichten gesammelt, aber für Meta ist es das nicht. Komm", sagt er, „wir müssen es ihr sagen. Meta muss das wissen."

Moses schüttelt den Kopf. „Pomp", sagt er, „du gehst da nicht mehr zurück."

Pomp will an ihm vorbeigehen, aber Moses legt ihm die Hand auf die Schulter und bremst ihn. „Pomp", sagt er, „du bist zu betrunken, du gehst sicher nicht mehr zurück."

„Zu viele Geschichten", murmelt Pomp, „zu viele."

„Klar." Moses klopft ihm auf die Schultern.

Die beiden stehen schweigend da, Pomp schwankt, raucht, Moses schwankt mit ihm, in der Umarmung, die Pomp erwidert, den Kopf an Moses' Schulter. „Zu viele", sagt er, „zu viele."

„Autoschlüssel", sagt Moses, „gib mir deinen Autoschlüssel."

„Nein."

„Pomp? Dein Autoschlüssel."

Pomp kramt in seiner Hosentasche. „Schon gut, Mama."

„Ich ruf dir ein Taxi."

17

Dreimal noch. Dreimal wird Meta den Gang noch auf und ab gehen, bis sie sich wieder zu T. setzt.

Sie geht an der Wand mit den Fotos der Schwestern vorbei, fährt mit den Fingerspitzen die raue Tapete entlang. Sie liest die Namen: Elisabeth, Nina, Christina, lauter Allerweltsnamen, dazwischen dann Dragica, Ayse und eine Rosa, keine Männer, auch kein Moses.

Meta geht weiter, vorbei an der Familienecke, wo Herr T. sich im Bett bewegt, und zählt: „Eins". Sie geht bis ans andere Ende des Gangs, bis zur Glastüre zum Pflegebereich, dreht um und geht zurück, den ganzen Gang bis zum leeren Zimmer 9.

Als sie zum zweiten Mal an der Fotowand vorbeigeht, öffnet sich die Türe zum Wohnbereich. „Hey", sagt Moses und winkt. „Hey", sagt Meta. Moses kommt ihr ein Stück entgegen und geht zu Herrn T., stützt sich am Fußende des Betts ab. „Na, Herr T.", sagt er, „alles in Ordnung?"

T. hat sich auf die Seite gedreht, die Augen geöffnet und hält sich mit beiden Händen am Seitengitter des Betts fest. Ein Speichelfaden rinnt ihm aus dem Mund.

Moses geht zur Saftecke, nimmt eine Serviette und wischt T. den Speichel weg. „Ein bisschen Wasser?", fragt er und nimmt einen Zerstäuber vom Tisch. Herr T. öffnet den Mund einen Spalt und Moses sprüht ihm Wasser auf die Lippen, in den Mund. T. schmatzt, schließt die Augen.

Meta steht hinter Moses und beobachtet ihn. Sie geht ein paar Schritte zur Seite und setzt sich auf die Couch. „Danke", sagt sie, „danke für alles."

Moses schüttelt den Kopf. „Danke, dass du da bist." Er sieht auf die Uhr. „Fünf Stunden noch", sagt er, „dann haben wir es geschafft."

18

Moses klappt den orangen Klappsessel am Gang nach unten und setzt sich. Den Sessel gibt es, damit die Bewohner, die nicht mehr gut genug zu Fuß sind, eine Pause machen können, aber seit Jahren benutzt ihn fast nur noch Moses, weil kaum noch Bewohner aus ihrem Zimmer kommen, sie sind längst zu schwach. Er wischt sich über die Stirn. Wie die alten Leute hier drin überleben, bei diesen Temperaturen, weiß Moses nicht.

Er wird noch einmal nach Meta sehen, später, dann nach Frau L. und den anderen Bewohnern. Um sechs, kurz bevor der Tagdienst kommt, wird er noch einen doppelten Espresso trinken, und bis dahin wird er irgendwie durchhalten.

19

Dreimal den Gang hinunter, dreimal. Sie hat es schon länger ausgehalten, sitzen zu bleiben, eine halbe Stunde, und sie hat sogar etwas lesen können. Meta zieht an ihrem Shirt, um es vom Rücken zu lösen. Sie geht einen Schritt auf T. zu. Sein Kopf ist rot und er schwitzt.

Meta geht zum Fußende des Betts, greift nach der Decke und achtet darauf, nur das Laken und nicht T. zu berühren. Sie zittert und zieht daran, bis seine Schultern frei liegen, wartet kurz. T. richtet sich neu ein, greift mit der rechten Hand ins Leere, liegt wieder still.

Meta zieht weiter an dem Laken, zieht sie über den Bauch, über die Windel, die Beine, bis sie sie ganz in der Hand hält.

T. ist, von der Windel abgesehen, nackt. Seine Körperbehaarung ist noch schwarz, mit nur einzelnen grauen Haaren, die an den Oberarmen, dünn im Besatz, bis zu den Schultern sichtbar sind. Die Beine hat er angewinkelt und die Windel sieht viel zu groß aus für seine Schenkel.

Meta schüttelt das Laken aus. Sie schwitzt und ihr Puls pocht ihr in den Ohren. Sie deckt Herrn T. zu, dann dreht sie sich um und geht, so schnell sie kann, ein paar Schritte weg vom Bett.

Dreimal den Gang auf und ab gehen. Erst kurz vor dem leeren Zimmer 9 fällt ihr auf, dass sie die ganze Zeit die Luft angehalten hat.

Die fünfte Nacht

Wie tief man schlafen kann.
Blut und Gedichte.

1

Den ganzen Tag über hat es geregnet. Meta streicht mit der Hand über die umgestürzte Fichte, die, entastet und zersägt, auf der Wiese beim Eingangsbereich liegt. Meta mag den Geruch von frischem Holz. Sie würde sich gerne setzen und ein bisschen bleiben, aber der Stamm ist feucht und klebrig, also geht sie weiter.

Es ist ruhig, kein Baustellenlärm zu hören, weil die Arbeiter am Samstag früher gehen. Meta sieht auf die Uhr. Ihr Dienst hat schon begonnen.

Die Eingangstüre steht offen. Jemand hat einen Stein als Keil unter den Türflügel geschoben und der Wind hat den Regen bis in die Eingangshalle getragen. Der rote Teppichboden ist durchnässt, und Meta sinkt ein wenig ein, als sie das Heim betritt.

2

„Hallo." Meta stellt ihre Handtasche auf einem der Sessel im Familienbereich ab.

Moses sieht von seiner Zeitung auf. „Wie gehts?"

„Ich bin zu spät. Sorry."

Er sieht auf die Uhr. „Alles gut. Willst du noch was trinken? Angelika hat Eistee für uns gemacht."

„Wieder mal Eistee?" Meta setzt sich zu Moses. „Ich will dich aber nicht stören."

Er faltet die Zeitung und legt sie weg. „Du störst nicht. Guten Tag gehabt?"

Meta setzt sich. „Geht so, ehrlich gesagt. Wie geht es ihm?"

„Herrn T.? Schlechter", sagt Moses, „meint jedenfalls Angelika, aber", er deutet auf die Zeitung neben ihm, „ich war noch nicht bei ihm. Sie sagt, dass er heute kaum wach war. Hat auch nichts gegessen. Definitiv schlechter. Wenn du mich fragst, macht er sich bald auf den Weg."

Meta atmet tief durch. „Ich bin vielleicht schuld."

„Wie meinst du das?", sagt Moses.

„Gestern Nacht", sagt sie, „hätte ihm sein Cognac so gutgetan, und ich, ich konnte nicht. Verstehst du? Ich wollte nicht an seinen Mund."

„Kann ich verstehen, aber deshalb geht es ihm doch nicht schlechter. Er ist vielleicht schlechter gelaunt, aber nicht mehr."

„Meinst du wirklich?"

„Klar. Außerdem musst du ihn echt nicht pflegen und mit Alkohol versorgen schon gar nicht."

Die beiden sitzen eine Zeitlang schweigend da.

„Soll ich uns den Eistee holen?" Moses geht in Richtung der Teeküche, dreht sich nochmal um. „Du musst nicht mehr tun als nötig, Meta", sagt er, „es reicht, wenn du eine Zeitlang bei ihm aushältst."

„Jetzt nicht. Also den Eistee, meine ich. Und danke."

„Klar."

„Dann gehe ich mal zu ihm?"

„Warte", sagt Moses, „wir hatten da noch eine Idee."

„Ja?"

„Du solltest dich vielleicht umziehen."

„Wie, passt mein Gewand jetzt nicht?"

„Üblicherweise ist es leichter, wenn man ein Arbeitsgewand hat."

„Ist das so?"

„Für mich jedenfalls. Vielleicht ist es ein bisschen wie eine Kostümierung."

„Wie eine Rolle?", sagt Meta.

„So ähnlich. Und dafür brauchst du ein Kostüm." Moses richtet sich auf und lehnt sich zurück. „Im Ernst. Es ist wirklich leichter, wenn du ein Dienstgewand hast. Angelika würde dir eins borgen, das müsste gut passen."

„Versuchen wir's."

3

An der Wand der Damengarderobe reihen sich die dunkelgrauen Metallspinde der Schwestern. Nur unter vier oder fünf davon stehen Schuhe und einige der Türen sind offen.

Meta sieht an sich hinunter. Angelikas Shirt ist ein wenig zu kurz, und wenn sie sich setzt, sieht ihr Bauch darunter hervor, also hat sie den kurzen weißen Mantel darüber gezogen. Die Hosen sind ein wenig zu eng, aber wenn sie den obersten Knopf öffnet, geht es. Immerhin haben ihre Sneakers dasselbe Blau wie das Shirt.

Sie knöpft den Mantel zu. Es sind Druckknöpfe, was sie mag.

Moses klopft an die Türe. „Komme gleich", sagt Meta. „Ich geh mal", hört sie Moses, „und schiebe Herrn T. in die Familienecke."

4

Moses nimmt es als gutes Zeichen, dass Frau L. ihn wieder „Lausbub" nennt und versucht hat, ihn beim Fiebermessen zu ohrfeigen.

„Schön", sagt er, „dass es Ihnen wieder besser geht." Er winkt mit dem Thermometer. „Sechsunddreißig Grad", sagt er. Frau L. gibt keine Antwort, hustet noch einmal und blickt in die andere Richtung.

5

Das Shirt fühlt sich seltsam an. Die Oberfläche ist glatt wie Plastik und es klebt schon jetzt an Metas Rücken, obwohl sie nur wenig schwitzt. Sie packt ihren Laptop aus. Sie hat sich Arbeit mitgenommen, weil sich die Nacht so vielleicht weniger lang anfühlt. Sie klappt das Gerät auf, schaltet es ein und wartet. Die Verbindung ist schlecht und es dauert, bis das Logo der Bank erscheint und sie sich einloggen kann. T. liegt, ihr zugewandt, auf der Seite. Er öffnet die Augen, fixiert Meta und schließt sie wieder, zuerst das linke Auge, dann das rechte. Meta klickt sich durch ihre Mails, liest ein paar Dokumente, sieht ihren Terminkalender für die nächste Woche durch.

„Das Gewand steht Ihnen gut." Frau Else sitzt auf der zweiten Couch und schiebt sich eine Erdbeere in den Mund.

„Danke."

„So sehen Sie fast wie eine Schwester aus."

Meta sagt nichts und klappt ihren Laptop zu.

„Ganz schön seltsam, oder?" Frau Else kichert. „Ist schon eine andere Welt als Ihre Bank."

„Das können Sie ja gar nicht wissen."

„Und wenn doch?"

„Heute sind Sie seltsam." Meta fährt mit dem Finger die Linien des Logos auf dem Laptop nach. Die Oberfläche ist leicht aufgeraut, nur das Logo ist poliertes Metall. „Oder es ist die ganze Situation, die seltsam ist."

„Geht es Ihnen besser, Kind?"

„Ich glaube, ja."

„Warum?"

Meta klappt den Laptop zu.

„Ich glaube, es hilft mir –"

„... dass Sie hier draußen sein können?"

„Ja."

„Ist auch schöner hier als in den Zimmern."

Meta fährt noch immer das Logo nach, langsam, und Else isst ihre Erdbeeren.

Herr T. klammert sich fester an das Bettgitter, schiebt sein Becken ein wenig vor und zurück, richtet sich neu ein, schläft weiter.

6

Im ersten Stock gibt es ein Fenster, aber auch das kann man nicht öffnen. Moses lehnt seine Stirn an das Glas, weil sich das kühl anfühlt. Er blickt sich kurz um und hält dann zuerst die linke, dann die rechte Wange ans Fenster.

Er streckt sich durch. Nicht mehr lange, dann ist seine Runde fertig, dann kann er sich kurz hinsetzen, etwas trinken, vielleicht Pause machen. Er massiert sich die Schläfen. Seit dem Gewitter vor zwei Tagen hat er Kopfschmerzen, er hat schon eine Tablette genommen, bevor er von zu Hause weggefahren ist, aber es wurde nicht viel besser. „As good as it gets", sagt er laut in den leeren Gang und dann muss er ein wenig grinsen.

7

Meta ist bereits dreimal den Gang hinauf- und dreimal den Gang hinuntergegangen, und jetzt steht sie, weil sie sich noch nicht setzen möchte, vor dem Bücherregal, hält den Kopf schief und liest die Buchrücken: zwei Liebesromane mit fast gleichen Titeln, ein paar Krimis, ein Sammelband mit Märchen, zwei Bibeln und ein Gedichtband. Sie greift hin, kippt ihn mit dem Zeigefinger zu sich, nimmt ihn aus dem Regal.

„Schön, oder?", sagt Else hinter ihr. Meta erschrickt, dreht sich um. Else hustet oder lacht, so genau ist das nicht zu unterscheiden. „Gutes Buch", sagt sie. „Gutes Buch."

Meta betrachtet die Vorderseite des Bandes, ein oranges, abgestoßenes Cover.

„Die Worte, die Worte, die Worte", sagt Frau E. „Kennen Sie es? Hat vielleicht mir gehört."

„Vielleicht?"

„Könnte sein, aber ist das noch wichtig? Lesen Sie mir etwas vor?"

Meta setzt sich in den Polstersessel, Else auf die Couch. Meta schlägt das Buch auf. „Es ist zweisprachig. Soll ich Deutsch oder Englisch lesen?"

„Egal."

Meta liest: „Vorspiel zum Winter."

Else hustet wieder. „Winter. Das ist schön."

„Der Falter unter der Traufe // mit Flügeln wie // Baumrinde liegt // symmetrisch still –"

„Danke", sagt Else.

„Es geht noch weiter."

„Ich würde es gerne bei dem Bild belassen", sagt Else, „manchmal ist es schöner, wenn es mittendrin aufhört."

„Wie meinen Sie das?"

„Kindchen, ich bin mir gar nicht sicher. Ich mag nur das Bild."

Meta klappt das Buch zu, merkt sich aber die Seite.

Eine Zeitlang schweigen sie, dann sagt Else: „Und Ihrem Schützling?"

„Nennen wir ihn bitte nicht Schützling."

„Papperlapapp. Wie geht es ihm?"

„Herr T., ich glaube, er –"

„Er?"

„Ich glaube, es wird nicht mehr lange gehen."

„Er stirbt."

Meta blickt zu Boden.

Else schließt die Dose mit den Erdbeeren. „Und wie geht es Ihnen damit?"

„Ich weiß nicht." Meta schüttelt den Kopf. „Aber ich sollte mit Ihnen nicht darüber reden."

„Warum nicht?"

„Na ja, Sie sind selbst …"

„Und Sie glauben, Sie können mir das nicht zumuten?"

Meta nickt.

„Kindchen, das Thema ist wirklich nichts Neues für mich, glauben Sie mir. Aber für Sie? Wie viele Leute haben Sie sterben sehen?"

„Niemanden. Also da war meine Großmutter, aber das ist ziemlich lange her und ich war nicht dabei, also –" Sie schüttelt den Kopf. „Nein, niemanden."

„Dann sollten Sie wirklich nicht fragen, wie es mir geht. Aber die Frage ist ja, junge Frau, ob Ihnen das Ihre Arbeit hier leichter macht oder schwerer, hm?"

„Ich bin nicht ganz sicher."

„Wie der Falter", sagt Else. „Der Falter unter der Traufe." Sie legt Meta die Hand auf die Schulter. „Sie machen das schon. Gehen Sie noch eine Runde. Ich bleibe hier."

8

Meta ist nicht einmal ganz den Gang hinunter gekommen, als das Schreien beginnt. Sie beginnt, ein paar Schritte zu laufen, bleibt stehen, beginnt wieder zu gehen, dreht um, wieder zurück.

Herr T. stößt spitze Schreie aus, mechanisch, immer im gleichen Abstand. Meta spürt, wie ihr Herz klopft. Sie ballt die Hände in der Hosentasche zu Fäusten und bleibt stehen. Geht wieder weiter.

Der Mantel. Sie hat den Mantel im Familienbereich vergessen, direkt neben T., auf der Couch.

Sie schließt die Augen und atmet durch den Mund ein und aus, ein und aus.

„Okay", sagt sie nach einer Weile, „okay." Sie läuft zum Familienbereich, aber noch bevor sie stehen bleibt, sieht sie, dass T.s Bett leer ist.

9

„Herr T.?" Meta geht zwei Schritte weiter. „Hallo?" T. hat aufgehört zu schreien, man hört ihn nur atmen, tief und schnell.

„Herr T.? Alles in Ordnung?" Meta geht wieder ein, zwei Schritte. Niemand zu sehen. „Herr T.?"

Sie geht zum leeren Bett, zum Fußende, sieht dann hinter dem Kopfende nach, bückt sich, um unter das Bett sehen zu können. Da schreit T. plötzlich auf, aber anders als vorhin, es ist ein tiefer Ton, ein tiefes, grollendes Geräusch in Metas Rücken. Sie fährt herum, schreit selbst, hebt die Hände vors Gesicht, stolpert zwei Schritte zurück.

Hinter ihr ist aber niemand zu sehen, erst, als sie den Blick senkt, sieht sie T. Er sitzt hinter der Couch, seine nackten Füße ragen hervor. Wieder schreit er, diesen grollenden Schrei, der jetzt wieder spitz wird, hoch, und den er in kurzen Atemzügen herauspresst.

„Es tut mir leid", sagt Meta, „es tut mir leid, ich wollte nicht –" Sie geht einen Schritt zurück, stößt sich am Bett, stolpert und stürzt zu Boden.

10

Meta atmet schnell und spürt, wie ihr schwarz vor Augen wird. Ihre linke Hand schmerzt furchtbar. Sie zieht sich am Bettgitter hoch. Sie versucht, ihren Atem zu beruhigen, richtet sich auf dem linken Knie auf, wartet, steht auf, immer den Blick auf T. gerichtet. Der nimmt keine Notiz von ihr. Meta ignoriert den Schwindel. Sie rappelt sich endgültig auf und läuft zur Glastür, rüttelt am Knauf, aber der gibt nicht nach, also dreht sie um, läuft zum Stützpunkt, weiter den Gang hinunter, zum alten Pflegebereich, nimmt die erste Türe, unter der Licht hervordringt. „Ordination Dr. Pomp", steht am Türschild, aber das fällt ihr gar nicht auf, sie stürzt in den Raum.

11

Fast wäre Wendelin Pomp von der Untersuchungsliege gefallen, so abrupt wacht er auf, als Meta die Türe hinter sich zuknallt.

Meta lehnt an der Wand und keucht. „Scheiße", sagt Pomp, „hast du mich erschreckt." Er steht auf, steht in Unterhosen vor ihr. „Sorry", sagt er und greift nach seiner Hose, dem Shirt. „Ich wusste nicht ... Ist alles in Ordnung?"

Meta schüttelt den Kopf.

Pomp schlüpft in die Hose, zieht sich das Shirt über den Kopf. Erst jetzt bemerkt er, dass Meta ihren linken Arm stützt. „Alles okay?", fragt er und kommt auf sie zu. Meta weicht einen Schritt zurück. „Hat er dir etwas getan?"

„Nein", sagt Meta, „bitte, wir müssen ihm helfen, er –"

Pomp fasst sie mit beiden Händen an den Oberarmen, blickt ihr in die Augen. „Hey", sagt er. „Hinter der Couch", sagt Meta.

„Ach herrje." Pomp drückt noch einmal leicht zu, dann lässt er sie los. „Setz dich erstmal, trink einen Schluck." Er geht zur Spüle, füllt einen Becher mit Wasser und hält ihn ihr hin. „Ich mache das schon."

12

Meta hat die Zeit vergessen. Sie weiß nicht mehr, wie lange sie schon auf dem Schreibtischsessel in der Ordination sitzt und auf den Boden starrt.

Sie blickt auf, als sie Pomps schlurfende Schritte hört und die Tür sich öffnet. „Hey", sagt Pomp. „Alles wieder gut."

In der einen Hand trägt er eine Schnapsflasche, in der anderen zwei Gläser. Er stellt die Flasche wortlos neben Meta auf den Schreibtisch, dazu die Gläser und schenkt je einen Schluck ein.

„Keine Angst", sagt er, „er schläft jetzt."

„Danke."

„Nichts zu danken." Pomp schlägt sich mit beiden Händen auf die Knie. „Jetzt wird er jedenfalls erstmal schlafen. Habe ihm eine Spritze gegeben. Moses ist noch bei ihm, und wir beide, wir trinken jetzt einen Schluck." Er wartet keine Reaktion ab und nimmt sein Glas in die Hand. „Was für ein Scheiß, echt."

„Warum ist er bloß aus dem Bett geklettert?"

Pomp klopft sich mit dem Zeigefinger an die Stirn. „Ich glaube, da ist etwas passiert."

„Wie meinst du das?"

„Im Gehirn. Entweder ein Schlaganfall oder eine Blutung."

„Glaubst du, er hat Schmerzen?"

Pomp trinkt sein Glas mit einem Schluck aus. „Das denke ich nicht. Schmerzen sehen anders aus."

„Und was dann?"

Er greift nach Metas Glas. „Trinkst du das noch?"

Sie schüttelt den Kopf. „Und was spürt er? Was treibt ihn so aus dem Bett?"

„Angst, schätze ich mal. Unser Freund T.", sagt Pomp und trinkt das zweite Glas mit einem Schluck aus, „ist gerade erblindet." Er lehnt sich zurück. „Was für ein Scheiß."

13

Moses sitzt auf einem Sessel neben T.s Bett und hält ihm die Hand. T.s Atem geht ruhig, immer wieder seufzt er im Schlaf.

„Siehst du", sagt Pomp, der mit Meta kommt, „er schläft."

„Hey", sagt Moses und lässt langsam T.s Hand los. „Wie gehts dir?"

„Geht schon. Glaube ich. Wird er –"

„Wahrscheinlich, ja."

„Besser früher als später, oder?" Er stellt ein kleines braunes Fläschchen mit weißem Etikett auf den Tisch. „Zehn Tropfen, falls er wieder schreit. Oder einen Schnaps."

„Danke", sagt Moses.

„Na dann", sagt Pomp, „ich bin dann mal weg."

„Ist es dir egal?" Moses dreht das Fläschchen. „Wie es ihm geht?"

„Egal nicht", sagt Pomp, „das nicht."

„Wie lange noch, glaubst du?"

„Paar Tage vielleicht", sagt Pomp, „oder Stunden", dann tippt er sich mit Zeige- und Mittelfinger der rechten Hand an die Schläfe. „Hirnblutung."

Moses wartet, bis Pomp durch die Schiebetüre zum Pflegebereich verschwunden ist, dann räuspert er sich. „Hör mal", sagt er zu Meta, „ich –"

„Schon gut."

„Nein wirklich", sagt er, „ich möchte mich entschuldigen."

Meta versucht ein Lächeln. „Moses, es ist alles gut. Oder nicht, aber das hat nichts mit dir zu tun. Hör mal", sagt Meta, „ich weiß nicht, ob ich das noch eine Nacht schaffe. Mit Herrn T., meine ich."

„Verstehe ich."

„Ich bin nicht sicher, dass du es verstehst. In einem Moment denke ich mir, dass er verdient hätte, dass ich ... dass jemand für ihn da ist, ihn berührt, gerade jetzt, und im nächsten Moment denke ich, dass er sich das sowas von nicht verdient hat und wieso sich irgendjemand darum scheren sollte, wie es ihm geht. Weißt du? Wie Pomp."

„Ich weiß."

Meta vergräbt das Gesicht in den Händen. „Hat Pomp recht? Stirbt er?"

„Ja. Du solltest nach Hause gehen, ein bisschen schlafen."

„Moses, ich glaube nicht, dass ich jetzt alleine zu Hause sein möchte."

„Okay. Aber ruf mich sofort, wenn du mich brauchst, ja?"

„Mache ich."

„Ein Schluck Tee?"

„Gern."

Moses geht zur Teeküche und schaltet den Wasserkocher ein. Er stützt sich mit beiden Händen auf die Arbeitsplatte und senkt den Kopf, schließt die Augen, bis das Wasser zu brodeln beginnt, das Gerät piepst.

Er gießt das heiße Wasser in zwei Tassen, legt je einen Beutel Früchtetee hinein und geht zurück zu Meta. Sie sitzt da, mit geschlossenen Augen, und Moses versucht, die Tassen leise hinzustellen.

„Entschuldige", sagt Moses, „ich wollte dich nicht wecken."

„Ich habe nicht geschlafen." Meta nimmt ihre Tasse. „Oder vielleicht doch."

Moses wickelt die Schnur des Teebeutels um seinen Finger.

„Er wird der Letzte sein, weißt du", sagt er.

„Der Letzte?" Meta nimmt einen kleinen Schluck.

„Der Letzte, der hier sterben wird." Moses blickt zur Glastüre, zu den Baufahrzeugen hinaus. „Das wars, dann machen sie uns zu."

„Und die ganzen Leute?"

„Die werden verlegt."

„Und du?"

„Für mich wars das dann."

„Mit dem Heim?"

„Mit dem Beruf."

„Oh."

Moses räuspert sich. „Wie geht es dir?"

„Mit was?"

„Na ja", sagt er, „mit Herrn T. Also damit, was er getan hat."

Meta überlegt, sieht zu Boden, wo ihr erst jetzt auffällt, dass sie immer noch in Socken ist. Sie bewegt die Zehen. „Seit es ihm schlechter geht, wird es ein bisschen leichter. Und schwerer, auf eine Art. Ist das seltsam?"

Moses schüttelt den Kopf. „Glaube nicht." Er blickt

auf die Baufahrzeuge. „Manchmal frage ich mich, wie es wäre, wenn da draußen wieder unser Park wäre und drüben unsere alten Stationen ... wieder echte Wohnbereiche, mobile Bewohner, freie Betten vielleicht, nicht nur schwere Pflegefälle."

„Mhm."

„Na ja." Moses klopft sich auf die Oberschenkel. „Ich sollte weiter."

14

Meta ist in der Familienecke eingeschlafen, ihr Kopf ist zur Seite gesunken. Moses hat das Licht am Gang ausgemacht und schiebt den Pflegewagen langsam zu den hinteren Zimmern. Er erschrickt kurz, als sich ein Reifen in einer Unebenheit im alten Plastikboden verfängt und einige der Glasflaschen im Wagen scheppern, aber Meta bewegt sich kaum, nur kurz hebt sie die Hand, bewegt sie durch die Luft, als würde sie dirigieren.

15

Wendelin Pomp kann nicht schlafen. Er wechselt den Sender und streckt sich. Vielleicht sollte er den Fernseher in der Ordination anders montieren, dann würde er weniger Schmerzen haben. „Ist jetzt auch schon egal", sagt er, zu niemandem Bestimmten. Pomp ist allein, und die Sendung langweilt ihn, aber er will nicht nach Hause. Er schwingt die Füße von der Liege und schlüpft in seine Schuhe. „Eine Runde noch", murmelt er.

Pomp braucht für den Weg keine Taschenlampe. Er ist ihn so oft gegangen, dass ihm das Mondlicht reicht.

Würde ihn jemand fragen, er könnte nicht sagen, was er vorhat, warum er spätnachts auf die Station geht, aber Wendelin Pomp braucht keinen Plan, er setzt einen Schritt nach dem anderen und denkt dabei, dass dies vielleicht sein letzter nächtlicher Gang durch die alten Stationen sein wird.

Vor der Schiebetüre bleibt er kurz stehen, eine eingeübte kleine Pause, dann öffnet sie sich und Pomp betritt den Wohnbereich.

16

Moses hört die Schiebetüre. Er legt Frau L. die Hand auf die Schulter. „Ich komme gleich wieder", flüstert er.

Er öffnet die Zimmertüre und sieht Pomp, der den Stationsgang hinuntergeht.

Moses bleibt stehen und beobachtet Pomp. Er zieht sich die Latexhandschuhe aus und knüllt sie zusammen.

17

Herr T. schläft, auch Meta, und beide schnarchen ein wenig. Pomp bleibt kurz stehen, beobachtet sie einige Atemzüge lang, dann geht er an die Seite des Betts und fühlt T.s Puls am Handgelenk, legt ihm die Hand auf die Stirn, die sich kühl anfühlt, und lässt sie dort einige Sekunden liegen. Der Puls geht langsam und ein wenig unregelmäßig. Pomp macht einen Schritt zurück und stößt an den Couchtisch. Er beißt sich auf die Lippen und wartet kurz, aber T. bewegt sich nur ein wenig im Schlaf. Meta hustet kurz, dann ist auch sie wieder still.

Pomp dreht sich um. Am Gang sieht er Moses, der am anderen Ende des Gangs in Frau L.s Zimmertüre steht, die Latexhandschuhe noch immer in der Hand.

Die sechste Nacht

Wie etwas bricht.
Walderdbeeren und Salz.

1

Schon wieder schmerzt Pomp jeder einzelne Knochen, jedes Gelenk. Er ächzt und richtet sich auf. Auf der Ordinationsliege schläft es sich noch schlechter als zu Hause auf der Couch.

Er wirft einen Blick auf die Uhr. Halb acht morgens. Er streckt sich und greift nach der Flasche neben sich. Er nimmt einen Schluck, aber der Prosecco schmeckt schal und warm. Pomp steht auf, geht zum Waschbecken und spuckt alles hinein, nimmt noch einen Schluck Wasser, direkt aus der Leitung.

Er kontrolliert sein Handy auf verpasste Anrufe und findet keine. Er geht zum Fenster und wirft einen Blick hinaus. Die Baumaschinen stehen im Nieselregen, aber weil heute Sonntag ist, sind keine Arbeiter zu sehen.

Pomp sucht die Ordination nach einem Regenschirm ab und findet keinen. Er flucht, schüttet noch den Prosecco weg und macht sich dann auf den Weg nach Hause.

2

„Ausgerechnet T.", sagt Angelika.

„Ja", sagt Moses, „ausgerechnet."

Angelika legt die Infusionsflasche hin. „Wie lange, glaubst du, geht es noch?"

„Mit T.?"

„Mit uns."

„Keine Ahnung", sagt Moses, „noch lebt er ja. Ich hoffe, es geht jetzt besser. Gestern war schon ziemlich hässlich, da hatte er Angst."

„Hoffentlich", sagt Angelika, „aber der Tag war ruhig. Soll heißen, er war eigentlich gar nicht mehr wach."

„Wie lange, glaubst du, nachdem er tot ist? Also wie lange, bis sie uns schließen?"

Angelika schüttelt den Kopf. „Ich will gar nicht dran denken." Nach einer Weile sagt sie: „Und du? Wirst du wirklich ganz aufhören?"

„Du nicht?"

„Noch zwei Jahre, Moses. Die schaffe ich auch irgendwie."

Sie stehen eine Zeitlang nebeneinander, sortieren die Tabletten der Bewohner in Schachteln, bis Moses sagt: „Ein bisschen werde ich das hier schon vermissen."

„Ein bisschen?"

„Nur ein bisschen."

„Klar. Wie geht es deiner Ehrenamtlichen?"

Moses geht zum Schreibtisch neben der Anrichte und setzt sich auf die Tischplatte. „Schwierig", sagt er, „aber sie schlägt sich gut", und dann: „Pomp war noch da, die ganze Nacht."

„Pomp?"

„Hätte ich ihm gar nicht zugetraut."

„Vielleicht entwickelt er noch Mitleid auf seine alten Tage?"

„Es ist nie zu spät. Aber im Ernst, er war die ganze Nacht im Haus, glaube ich. Hast du ihn heute gesehen?"

Angelika schüttelt den Kopf. „Kann aber nicht sagen, dass ich ihn vermisst hätte."

„Du bist unfair."

„Was wird er eigentlich machen, wenn es das alles nicht mehr gibt?"

„Keine Ahnung. Nicht viel, schätze ich."

Angelika legt eine Tablettenschachtel zurück in den Apothekerschrank und sieht auf ihre Armbanduhr. „Gleich halb acht."

„Ich mach hier fertig. Schönen Abend."

„Dir auch. Habt es ruhig."

3

Sonntags stehen die Baukräne still. Meta steht vor dem Haupteingang und betrachtet das Geäst der Fichte, das man auf der Wiese angehäuft hat. Der zersägte Stamm liegt daneben.

Meta versucht, in dem Haufen einzelne Äste zu verfolgen, aber es gelingt ihr nicht, sie verliert sie immer und beginnt wieder von vorne.

Sie schließt kurz die Augen, öffnet sie wieder und geht durch die regennasse Wiese bis zu den Stücken des Baustamms. Sie spürt, wie ihre Füße in den Leinensneakers nass werden, aber es stört sie nicht. Kurz legt sie ihre linke Hand auf den Stamm, zieht sie gleich wieder zurück und riecht an ihrer Handfläche. Sie mag den Geruch, obwohl sie das Harz den ganzen Abend nicht mehr von den Fingern kriegen wird.

Am liebsten wäre sie noch lange so dagestanden, obwohl es leicht zu nieseln beginnt, aber als sie die Türe hinter sich hört, dreht sie sich um.

Angelika kommt aus dem Heim, nickt Meta zu und geht zum Parkplatz, steigt in ihren roten Kleinwagen und startet den Motor. Meta schüttelt sich, streicht mit der Hand über den Fichtenstamm und geht dann zum Heim, langsam, weil sie immer einen Fuß genau vor den anderen setzt, Ferse an Schuhspitze, Ferse an Schuhspitze.

4

„Hey.“ Meta lehnt sich an den Türstock zum Stützpunkt. Moses, der noch Medikamente vorbereitet, blickt auf. „Hey.“ Er legt den Blister zur Seite. „Wie gehts?“

Meta schließt die Faust in der Hosentasche und öffnet sie wieder, um das klebrige Harz zu spüren. „Mir gehts gut. Dir?“

„Geht, geht. Bist du bereit für den Abend?“

„Glaube schon. Doch, ja, ich bin bereit.“

„Na dann. Ich mach hier noch fertig, dann können wir ihn wieder rausschieben.“

„Sag, darf ich wieder?“

„Ja, was?“

„Wegen dem Gewand.“

„Ach so, klar. Angelika hat dir was rausgelegt.“

„Danke. Wie geht es Herrn T.?“

„Schlecht“, sagt Moses, „sehr schlecht. Angelika hat gemeint, dass es nicht mehr lange gehen wird.“

„Du meinst –“

„Er wird bald sterben.“

„Meinst du, heute?“

„Kann sein.“ Moses legt die Blister auf den Tisch und dreht sich ganz zu Meta. „Hör mal, du musst hier nichts alleine machen. Du kannst jederzeit hier rein, auch Pause machen, dich hinten in der Ordination kurz hinlegen. Ich glaub nicht, dass Pomp heute kommt.“

„Ich bin nicht sicher", sagt Meta, „ich habe schon das Gefühl, dass ich jetzt für ihn da sein sollte."

„Ja?"

„Schon. Ist das normal? Er ist mir nicht sympathischer, aber jetzt, wo er im Sterben liegt, fühlt es sich insgesamt trotzdem anders an."

Moses lächelt. „Schön."

„Schön?"

„Ja, schön. Das macht es letztlich aus, weißt du? So fühlt es sich an, wenn man keinen Unterschied macht zwischen den Leuten. Vielleicht kommt es nicht auf die Details an, oder ob man Playlists macht oder solche Dinge. Sondern ob man da ist, wenn es drauf ankommt."

„Wenn es drauf ankommt ... Vielleicht ist es das, ja."

„Trotzdem. Mach mal Pause, in Ordnung? Und ich bin ja auch noch da."

„Danke."

5

Herr T. liegt im Bett, als sei seit gestern kaum Zeit vergangen, als sei Meta nicht zwölf Stunden zu Hause gewesen, als sei sie nur kurz zur Türe raus oder auf die Toilette gegangen.

Moses schließt die Türe hinter sich. „Komm", sagt er und tritt an T.s Bett.

Er berührt T. kurz an der Schulter. „Ich werde Ihnen jetzt das Gesicht waschen", sagt er, „und dann fahren wir ein Stück." Er wartet nicht auf eine Reaktion, wischt ihm mit einem Lappen, der in einer Schüssel mit Wasser liegt, über die Stirn, dann über die geschlossenen Augen, die Wangen, die Nase, den Mund. Herr T. spitzt die Lippen und versucht, an dem Lappen zu nuckeln.

„Kann er uns hören?", fragt Meta. Sie flüstert. „Hören, ja, hören können Sie uns, Herr T., verstehen nicht mehr", sagt Moses und, zu Meta gewandt: „Aber den Klang kann er spüren, und das ist nicht nichts."

Er legt den Lappen wieder zurück in die Schüssel. „Vielleicht hilft es, wenn er deine Stimme hört", sagt er.

„Ich weiß nicht", sagt Meta, „was soll ich mit ihm reden?"

„Du könntest ihm irgendwas vorlesen", sagt Moses, „vielleicht ein Buch? Oder eine Zeitung?"

„Ich kann's versuchen."

Er geht zum Kopfende des Betts, steckt das Stromkabel aus und löst mit dem Fuß die Bremsen. „Herr T.", sagt er, „wir fahren jetzt los."

Meta steht auf. „Soll ich dir helfen?"

„Danke, alles gut." Moses setzt das Bett in Bewegung, vorsichtig, um nicht am Nachtkasten anzustoßen, und fährt zur Türe.

Meta folgt ihm den Gang hinunter bis zum Familienbereich. T. reagiert nicht, sein Finger zuckt vielleicht ganz kurz, aber als Meta noch einmal hinsieht, liegt er wieder still da.

6

Herr T. liegt regungslos im Bett. Meta nähert sich ihm. Sie erkennt kaum, dass er atmet. Sie beobachtet seinen Brustkorb, seinen Hals, und da ist wieder das Pulsieren seiner Adern am Hals, aber keine Atmung, die sie erkennen kann. Sie kommt näher, ganz langsam, mit dem Gesicht zu seinem Gesicht, und spürt, ganz leicht, seinen Atem auf der Wange. Meta richtet sich wieder auf. Ihre Hände zittern.

Sie wischt sich den Schweiß von der Stirn. Sein Gesicht wirkt kleiner als gestern, die Nase spitzer, die Wangen hohler.

Sie hält die Luft an, konzentriert sich und sitzt still, dann kann sie es hören. Ein Rasseln kommt jetzt aus T.s Brustkorb, alle paar Sekunden dieses Geräusch, und dann, kaum vernehmbar, ein Hüsteln.

Meta setzt sich auf die Couch. Sie sitzt niedriger als T. und blickt ein wenig zu ihm auf. Sie hebt ihre Handtasche vom Boden auf und legt sie sich in den Schoß.

„Na dann", sagt Meta, „ich lese Ihnen jetzt vor, okay?" Herr T. hält die Augen geschlossen und reagiert nicht. Meta schlägt den Gedichtband auf.

Sie beginnt zu lesen:

„Nur damit du Bescheid weißt // Ich habe die Pflaumen // gegessen // die im Eisschrank // waren // du wolltest // sie sicher // fürs Frühstück // aufheben –"

„Schön, nicht?" Herr T. bewegt leicht die Lippen. „Ich lese weiter, ja?"

„Verzeih mir // sie waren herrlich // so süß // und so kalt."

Sie blättert ein paar Seiten weiter. „Das hier ist auch schön."

„Bald bin ich fertig mit der Welt – // doch mit diesen Straßen nie // und ihrem Geheimnis: den drei Körben // voll Strohblumen im hohen // Fenster ..."

T. bewegt sich nicht, er atmet jetzt ruhig, aber über den Gedichten, die Meta ihm vorliest, ist das Rasseln deutlich zu hören.

7

Moses hat keine Zeit. Aber er hat gelernt, dass er sich Zeit nehmen muss, wenn er keine Zeit hat.

Im Halbdunkel erkennt er Meta, die auf der Couch sitzt, vornübergebeugt, und den Blick auf T. gerichtet hat, den Moses von der Türe aus nicht sehen kann. Sie bewegt sich nicht. Moses sieht auf die Uhr.

Er räuspert sich, aber Meta regiert nicht. Er räuspert sich noch einmal, lauter, und sie richtet sich auf und sieht ihn.

Er flüstert. „Alles okay?" Meta nickt. „Er schläft", sagt sie.

Eine Zeitlang sagt niemand etwas, dann bricht Moses das Schweigen. „Schon anstrengend, oder?" Meta reagiert nicht, den Blick auf T. gerichtet. Moses nimmt sich einen der Holzsessel und stellt ihn neben die Couch. Er stützt sich auf der Lehne ab. „Mach mal eine Pause." Meta schüttelt den Kopf. „Nicht jetzt."

Eine Zeitlang sagen sie nichts. Meta spielt mit ihren Fingernägeln.

„Dein erstes Mal?"

Meta sieht ihn an.

„Dein erster Sterbender?"

„Ja."

Moses legt ihr die Hand auf die Schulter. Meta bewegt sich nicht, sinkt ein bisschen zusammen.

„Ich habe das Gefühl, dass ich mehr für ihn tun sollte, jetzt, wo er –"

„Du tust schon sehr viel, Meta, schon, indem du einfach da bist und bei ihm bist. Das muss reichen, du musst ihn nicht pflegen oder so. Manchmal ist aushalten alles, was wir tun können."

„Danke. Es ist schwer. Und er tut mir leid, jetzt, in dem Moment."

„Hör mal", sagt Moses, „es geht ihm gerade gut, da bin ich sicher."

„Die Atmung –"

„Das Rasselgeräusch? Das gehört zum Sterben dazu, jedenfalls für die meisten Menschen. Spürt er aber nicht."

„Bist du sicher?"

„Sehr. Ist aber ganz schön ungut, es mit anzuhören, oder?"

„Schon, ja."

„Wenn wir den Verdacht haben, dass er doch Atemnot hat, kann ich ihm jederzeit eine Spritze geben."

„Ich weiß nicht …"

Moses steht auf, fühlt T.s Puls, streicht ihm über die Stirn. „Er schwitzt ein wenig", sagt er. „Ich glaube nicht, dass es ihm schlecht geht, aber ich gebe ihm was, nur um sicherzugehen, in Ordnung?"

„Danke."

8

„Schlecht sieht er aus." Else stellt ihren Rollator ab und setzt sich umständlich in den freien Polstersessel. „Ich bleibe jetzt besser bei Ihnen."

„Danke, aber –"

„Nichts aber."

„Mhm. Ich dachte nur –"

„Was?" Else kramt in ihrer Tasche.

„Dass Sie sich das nicht unbedingt ansehen müssen."

„Ach." Sie holt ihre Plastikdose hervor. „In Gesellschaft ist alles leichter, finden Sie nicht?"

Herr T. stöhnt, hustet, verschluckt sich, hustet weiter, gurgelt und hört für einige Sekunden auf zu atmen. Seine Hände fahren durch die Luft, rudern herum, ohne ein bestimmtes Ziel, dann fallen sie wieder ins Bett.

Meta steht auf, macht zwei Schritte zu ihm. Frau Else steckt sich eine Erdbeere in den Mund.

„Schsch", sagt Meta, und sie nimmt, ohne darüber nachzudenken, T.s Hand in ihre Hände, drückt sie leicht. T.s Hand fühlt sich kühl an, kühler, als Meta das erwartet hat.

„Sie können das", sagt Else, „wirklich."

„Woher wissen Sie das?"

Else schüttelt den Kopf. „Kindchen", sagt sie, „ich weiß das am besten. Sie machen das super, und wenn er Schmerzen hat, bekommt er von dem jungen Pfleger eine Spritze. Alles wird seinen Weg gehen. Sie müssen Vertrauen haben, Kind." Sie rückt auf der Couch herum und zupft sich den Rock zurecht. „Hören Sie mal", sagt sie, „warum machen Sie und Moses nicht mal etwas Nettes?"

„Etwas Nettes?"

„Etwas Nettes, ja. Pizza bestellen oder so, was ihr jungen Leute halt so macht."

„Wie könnte ich jetzt an Pizza denken, wenn Herr T. direkt vor mir stirbt?"

„Warum nicht? Wenn Sie hier drin nur essen, wenn es allen gut geht, werden Sie verhungern."

Sie kaut eine Erdbeere aus der Plastikdose, den Blick auf Herrn T. gerichtet.

„Es ist bald so weit", sagt sie. „Ich bleibe bei Ihnen." Meta sagt nichts, weil ihr klar ist, dass es keinen Widerspruch gibt, und starrt T. an, der aufgehört hat zu atmen.

„Ist es –"

Und wieder zu atmen beginnt.

Else schüttelt den Kopf. „Noch nicht."

T. macht wieder einen Atemzug, dann eine Pause, dann noch einen Atemzug, aber der ist kaum mehr erkennbar.

9

Die Pausen zwischen T.s Atemzügen werden länger. Meta zählt die Sekunden und sie zählt etwas zu schnell. Die Uhr an der Wand steht auf kurz vor ein Uhr dreißig und sie tickt nicht mehr.

Else blickt zur Decke und spielt mit den Ringen an ihren Fingern. „Friedlich", sagt sie, „friedlich."

Meta beobachtet T.s Brustkorb, zählt die Sekunden bis zum nächsten rasselnden Atemzug, bis zur nächsten Pause.

Else nimmt noch eine Erdbeere aus der Dose. „Wollen Sie nicht doch eine?"

„Ich glaube nicht, dass wir jetzt essen sollten."

„Warum nicht? Herrn T. ist es sicher recht."

Es dauert noch fast fünf Minuten, bis Meta bemerkt, dass die Pause nicht mehr endet, dass es keine Pause mehr ist, sondern das Ende. Meta steht auf. Sie macht einen Schritt auf T. zu und nimmt seine Hand, die Finger, die jetzt bläulich und weiß werden, seine Papierhaut und die dünnen Knochen darunter.

Der Pulsschlag an T.s Hals verebbt kurz danach, nur die Augen bleiben offen, zwei milchige Seen in seinem spitzen Gesicht.

10

Moses kommt zehn Minuten später und ohne dass ihn jemand gerufen hätte. Meta sitzt auf der Couch und hat die Augen geschlossen.

Moses weiß es in dem Moment, als er um die Ecke kommt. „Oh Gott", sagt er, „Meta."

Er geht kurz zu T., tastet den Puls, kommt näher, sein Gesicht dicht an T.s Gesicht, die Wange knapp vor seinen Lippen, dann wartet er kurz und richtet sich wieder auf.

„Kannst du ihn wegbringen? Bitte."

„Ich rufe Pomp an."

Moses löst die Bremsen und schiebt T. zurück in sein Zimmer.

11

In den letzten sechs Nächten hat sich für Wendelin Pomp einiges verändert.

Mit Daumen und Zeigefinger hebt er Herrn T.s Nachthemd an und lässt den Kopf seines Stethoskops daruntergleiten. Er steckt sich die Hörer in die Ohren wie immer, und wie immer hört er zunächst seinen eigenen Puls rauschen, konzentriert sich, blendet sich aus, hört Herrn T. zu oder besser gesagt der Stille im Stethoskop, ein paar Sekunden lang, dann holt er es wieder unter dem Nachthemd hervor und legt es sich um den Hals.

Er richtet sich auf und wirft noch einen Blick auf Herrn T.

„Das wars dann", sagt er und tastet noch einmal den Puls. „Das wars."

Die Luft, die vom gekippten Fenster herkommt, ist kühl und feucht und draußen hört man leise den Nieselregen, der nicht aufgehört hat. Pomp wischt sich mit dem Mittelfinger eine Träne weg und verlässt das Zimmer.

12

„Ihr wollt was?" Pomp nimmt das Schnapsglas von Moses entgegen.

„Wir wollen Pizza bestellen."

„Gute Idee", sagt Pomp. „Kann ich mitmachen?"

„Klar", sagt Moses, „die Speisekarte liegt in der Küche. Ich gehe jetzt Herrn T. fertig machen."

„Ich wäre gern dabei", sagt Meta.

„Beim Bestellen?"

„Bei Herrn T."

„Moment", sagt Pomp. „Was esst ihr?"

„Schinken", sagt Moses. Und Meta: „Marinara." Dann gehen sie zu T.s Zimmer.

„Was zum Teufel ist Marinara?" Pomp nimmt die Speisekarte vom Tisch und blättert sie durch. „Nur Tomatensoße und Teig? Heute wundert mich nichts mehr."

13

Auf Zimmer 9 wieder das falsche Datum, wieder ein Körper im Bett. Augen und Mund stehen offen.

Moses geht ins Badezimmer und lässt das Wasser laufen, bis es kühl ist. Er trägt die Schüssel mit dem Waschlappen ins Zimmer, stellt sie auf den Nachtkasten. Meta steht am Fußende und betrachtet Herrn T. „Er sieht aus, als könnte er gleich aufwachen", flüstert sie. Moses nickt.

Jeder Todesfall hat seinen Ablauf und seine Dramaturgie, die nach dem letzten Herzschlag beginnt: die Aufregung, dann der Anruf, der Arzt, der Schnaps und jetzt, am Ende, der Waschlappen, mit dem Moses T.s Augen schließt und ihm ein wenig Spucke aus dem Mundwinkel wischt. Er lässt sich Zeit.

Meta steht am Fußende und sieht ihm zu, sagt nichts und traut sich kaum, sich zu bewegen, weil alles, was sie sieht, plötzlich größer wirkt, irgendwie schärfer, und das Gesichtsfeld ihr am Rand verschwimmt.

Moses nimmt die gelbe Decke mit den aufgestickten Tauben, die man extra für diesen Zweck gekauft hat, und beginnt, sie auszubreiten. „Hilfst du mir?", sagt er, und Meta braucht ein paar Sekunden, bis sie den Blick von Herrn T. nehmen und ihm mit der Decke helfen kann. Sie breiten die Decke aus, schütteln sie, schon über T.s Körper, einmal aus und legen sie dann langsam und von oben über seinen Körper. Der Luftzug, der unter der Decke hervorkommt, riecht nach

Weichspüler, nach Blumen und ein wenig nach Essig wie T.

„War es bei Frau E. auch so?"

Moses nickt. Meta lächelt. „Sie mochte Erdbeeren", sagt sie.

„Erdbeeren", sagt Moses, „ich weiß."

14

„Das wars", sagt Pomp. Moses kommt mit der Schnapsflasche und Bechern und stellt sie auf den Couchtisch. Moses schenkt einen Schluck Schnaps in alle Becher und verteilt sie. Pomp hebt seinen. „Das wars", sagt er, „Prost." Meta hebt ihren Becher, Moses hebt seinen. „Hätte nie gedacht, dass ausgerechnet T. der Letzte sein wird." Pomp trinkt sein Glas aus. „Auf uns."

„Auf uns", sagt Moses, „und auf die dort drüben." Er zeigt auf die neuen Gebäude.

„Auf euch." Pomp hebt sein Glas.

„Ich will raus."

Moses dreht sich zu Meta.

„Ich will raus", flüstert sie noch einmal.

„Ja", sagt Pomp, „genau." Er steht auf, geht zur Türe und versucht sie zu öffnen. Er rüttelt am Knopf, schlägt mit der flachen Hand gegen das Glas. Die Türe vibriert. „Es ist Zeit, oder nicht? Hast du einen Schlüssel?"

„Sie haben das Schloss ausgetauscht. No chance."

Pomp schlägt noch einmal gegen die Türe, lässt die flache Hand auf dem Glas liegen. „Dann haben wir ja keine Wahl, oder?"

Pomp und Moses sehen sich an, dann den großen Feuerlöscher an der Wand. Pomp nickt.

Moses stellt sein Schnapsglas auf den Tisch, geht zum Feuerlöscher und nimmt ihn aus der Verankerung.

„Unser Hof", sagt er, „unser fucking Hof", dann hält er den Feuerlöscher mit beiden Händen fest, holt weit aus und schlägt die Glastüre ein.

Pomp quietscht vor Freude. Meta bleibt regungslos. Moses braucht drei Schläge, bis die Türe splittert und genug Platz für eine Person ist, durch die Öffnung ins Freie zu gelangen. Er stellt den Feuerlöscher auf den Boden und steigt durch das Loch. „Pass auf", sagt Pomp und folgt ihm. Er bleibt mit der Schulter an einer Scherbe hängen. Sein Hemd zerreißt, aber er reagiert nicht, steigt durch das Loch, ohne mit dem Lachen aufzuhören.

Moses klettert auf eine der Baumaschinen. „Gratuliere, ihr Arschlöcher", schreit er in den dämmernden Morgen, „fickt euch doch alle!", dann wirft er den Becher mit dem Logo des Heimbetreibers in hohem Bogen in den Hof.

Pomp trinkt sein zweites Glas aus und murmelt: „Das wars, das wars", dann lacht er wieder, lacht und weint ein wenig. „Probier es aus", schreit Moses. Pomp klettert neben ihn auf die Baumaschine und dann stehen sie auf dem Raupenbagger und auch Pomp schreit und wirft sein Glas, das im Hof auf dem Boden zerschellt.

„Komm", ruft Moses auch Meta zu und winkt sie heran, aber sie hört ihn nicht.

16

Meta steht auf dem kleinen Wiesenstück inmitten der aschfarbenen Erde, zwischen den grünen Scherben. Sie geht ein paar Schritte weiter, aber nicht zu Moses, der ihr vom Bagger aus zuruft, sondern an den Rand des Hofs, wo noch einige Büsche stehen und ganz unten, nah am Boden, die Erdbeerpflanzen.

Sie hockt sich hin und balanciert auf den Zehenspitzen. Sie tastet im Halbdunkeln die Pflanzen ab, spürt die kleinen Beeren unter ihren Fingern und pflückt sie. Sie wippt hin und her, dann steckt sie sie in den Mund.

Moses ruft noch einmal, aber Meta beachtet ihn nicht. Sie lässt sich zurücksinken, sitzt auf der nassen Wiese und spürt, wie die Feuchtigkeit durch die Kleidung kriecht. Sie richtet den Blick nach oben und schließt die Augen, denkt an die Vögel auf dem Kran. Sie spürt die Tränen, die endlich kommen, ihr übers Gesicht laufen, über die Lippen, in den Mund, Walderdbeeren und Salz.

Es schüttelt sie, zuerst vom Weinen, dann lacht sie, aber nicht laut, und weil es dunkel ist, weiß es nur sie.

Die Drucklegung erfolgte mit freundlicher Unterstützung der Abteilung Kultur und Bildung der Stadt Linz und der Direktion Kultur des Amtes der Oberösterreichischen Landesregierung.

Dieses Buch ist **Cradle to Cradle Certified®** auf **Bronze-Niveau. Cradle to Cradle Certified® ist eine eingetragene Marke des Cradle to Cradle Products Innovation Institute.** Dieses Buch findet seinen Weg ohne Plastikfolie, die es unnötig einhüllt, zu dir – für unsere Umwelt und unsere Zukunft.

Auflage:

4	3	2	1
2026	2025	2024	2023

© 2023

HAYMON verlag

Innsbruck-Wien
www.haymonverlag.at

ISBN 978-3-7099-8203-7

Lektorat: Angelika Klammer
Projektleitung: Haymon Verlag / Judith Sallinger
Buchinnengestaltung nach Entwürfen von: himmel. Studio für Design und Kommunikation, Innsbruck / Scheffau – www.himmel.co.at
Satz: Da-TeX Gerd Blumenstein, Leipzig
Umschlaggestaltung, Gestaltung von Vor- und Nachsatz: buxdesign | Daniela Hofner und Karina Wimmer
Umschlagabbildung: Stocksy / Light and Shadow through Broken Glass By Catherine MacBride